JN164815

昔話を語り継ぎたい人に

石井正己　編

三弥井書店

昔話を語り継ぎたい人に

Contents

巻頭言　ブルガリアの民話との出会い　八百板洋子　7

第一部　みちのく民話まつり　新庄民話の会編

基調講演　今、昔話を語り継ぐということ　石井正己　15
一　東日本大震災から四年、戦争から七〇年
二　戦後の日本人の生き方を批判した戯曲「夕鶴」
三　山形県内の「鶴女房」と戦後最初の『笠地蔵様』
四　児童文学作家が「笠地蔵」に込めた昔話の思想
五　死を受け止める感覚と地蔵信仰の伝統
六　優しさの道徳観が変形させた「カチカチ山」
七　自らの手で自らの昔話集をまとめた新庄の足跡
八　二〇世紀に残した昔話遺産を二一世紀に生かす
九　研究者も語り手も現代の伝承を担っている
一〇　昔話の持つ潜在的な力を引き出す必要性

意見発表　社会通念としての「昔話」を　野村敬子　41
一　みちのく民話まつりの三〇年
二　東北大震災に向き合う際の語り文化の試練
三　寄り添って言葉をかける昔話の力

意見発表　これからの「語り」に思う　小野和子　47
一　切り離せない「語り」と「暮らし」
二　「語る」ことは、新しい「自分」を生み出すこと
三　良い語り手は良い聞き手であった

シンポジウム　民話伝承活動の今日と明日を探る　53
コーディネーター　石井正己
パネリスト　野村敬子　小野和子　井上幸弘　渡部豊子
一　東日本大震災後の語り手のあり方
二　山形県の活動の現状と課題
三　「語り聞くの好きな人集まれ」と呼びかける
四　「読み語り」と「東北記録映画三部作」
五　現代社会における民話や方言の価値
六　昔話の文化財化と残酷性の問題
七　山形県各地の「鶴女房」を語り継ぎたい

語ってみよう昔話　新庄に語り継がれる民話　68
稲株むがす　渡部　豊子　68
見るなの座敷　小山　貞子　73
手無し娘　大竹智也子　77
車屋辰蔵　柿本富寿子　83
与蔵沼　井上　ユキ　86
笛吹き沼　前盛　智恵　89

へやみ太郎　鈴木敏子　92
禅問答　新国玲子　96
長げ名前　伊藤佐吉　99
親指も一升のうづ（うち）　伊藤妙子　101

第二部　昔話を語り継ぎたい人に

エッセイ　釜石おらほ弁　悲しみを乗り越えて　北村弘子　107
エッセイ　語り継がれて生きる民話　山本亜季　111
エッセイ　昔話のデータベース化
―秋田の昔っこを伝えるために―　丸谷仁美　116
エッセイ　昔語りを子どもに　間中一代　119
エッセイ　地域のなかで千葉の民話を語り継ごう　根岸英之　124
エッセイ　岡山での小さな挑戦　立石憲利　128
エッセイ　昔話「瓜姫」を語り継ぐ　田中瑩一　132

論考　日本民話の会と昔話　米屋陽一　136
一　はじめに
二　小澤重雄の仕事─語り台本から語りへ─
三　大川悦生の仕事─「あいづち」を打つ試み─
四　渋谷勲の仕事①─「語りの会」発足に尽力─
五　渋谷勲の仕事②─「小平民話の会」「あどがたりの会」の支援活動─
六　おわりに─わが体験的民話論─

論考　語り手たちの会と昔話　三田村慶春　147
一　語り手たちの会で学ぶ
二　昔話の語られる現場で
三　昔話はどこから来たの？
四　神話を受け継いだ昔話
五　昔話は誰が伝えてきたか
六　人々の生業と昔話
七　昔話を再話して語る

論考　わが身一つをなかだちとして　小田嶋利江　163
─「みやぎ民話の会」と「民話　声の図書室」の活動から─
一　語り継ぐということと語りの実在感
二　「みやぎ民話の会」と「民話 声の図書室」
三　語られない話の奥行
四　話に滲み出している「あったること」の凄み

五　わが身一つをなかだちとして

論考　語ること、伝えること―地域での実践から―　増山正子　176

一　地域の教育力としての語り
二　「まちだ語り手の会」を立ち上げる
三　市立図書館でのストーリーテリング
四　現代の語り手（書承の語り手）として
五　伝承の語り手が持つ昔話の世界
六　日本の昔話をより身近に
七　学校での実践から
八　おはなしの持つ力　昔話・物語に潜むもの
九　お話を選ぶということ
一〇　おはなしをより楽しんでもらうために
一一　地域社会で語るということ

論考　子育てと昔話　久保華誉　189

一　はじめに
二　0歳から昔話を
三　由来譚の魅力
四　修身教育に使われた昔話
五　子どもの好きな山姥・鬼・河童
六　幼稚園教育での昔話―「エパミノンダス」を例に

論考　昔話を語り継ぎたい人のためのブックガイドと選書の方法　青木俊明　201
はじめに
読み聞かせに適した日本の昔話
語り聞かせに適した日本の昔話
読み聞かせ・語り聞かせに適した外国の昔話
読み聞かせ・語り聞かせに適した昔話の本の選び方

語りのライブ　年末の暮らしと昔話　矢部敦子　209
「履物を出しっ放しにしするな」「十二月一二日の紙」
「石榴は庭に植えたらあかん」
「間は魔に通ず」
「思わんことは言うもんでない」
「猿の生肝」
「十二支の由来」
「猿と蟹」
「蟇蛙と兎と猿の餅争い」
学生の感想と年末年始の昔話の再生

講演者・執筆者紹介　220

巻頭言

ブルガリアの民話との出会い

八百板洋子

プロフィール
所属　日本文芸家協会、日本ペンクラブ
専門　ブルガリア文学、バルカンの国々の民話
代表著書
「吸血鬼の花よめ―ブルガリア昔話集」「いちばんたいせつなもの―バルカンの昔話集」

ブルガリアの民話との出会いは、まだ、わたしが二〇代の学生だった頃です。わたしは、一九世紀のブルガリアの詩人、ペイヨ・K・ヤーヴォロフの詩に惹かれ、ブルガリアのソフィア大学の大学院に留学して、詩の研究をしていました。

首都ソフィアの寄宿舎での最初の同室者は、アセンカという学生でした。父親はブルガリア人でしたが、長い間ルーマニアに住んでいました。アセンカは、緑色がかった青い目をしていて、八ヵ国語を自由に話し、読み書きができます。

復活祭の日、ドナウ川沿いの、ルーマニアとの国境に住む、アセンカの祖父母の家に招かれました。ちょうど、ブカレストから両親もみえて、賑やかな夕食会になりました。そのうち、わたしはラジオから流れてくる歌も、みんなの会話も、ブルガリア語ではないことに気が

アレクサンダー・ネフスキー寺院

つきました。

「ここ、ビディンの町の八割は、ルーマニア人なのよ。学校ではブルガリア語、教会ではルーマニア語。この町の教会はカトリックなの。ブルガリアは、ギリシャ正教の国だけど」

と妹のリーダが英語で話してくれました。

それにしても、アセンカのお母さんの話すブルガリア語は、訛りがひどいと思っていたら、ルーマニアのトランシルヴァニア地方出身とのこと。

彼女の父親は、ハンガリー生まれのドイツ人だったのです。

食卓に並んだのも、キュフテータ（肉団子・ブルガリア風）、サルマーレ（塩漬けの葡萄の葉に包んだ米と挽肉・ルーマニア風）、豆スープ（パプリカ入り・ハンガリー風）と、様々な香りの料理でした。みんなで食卓を囲み、いろいろな言語で話しながら、自家製の葡萄酒を飲みかわしていました。

ギリシアの国境に近い村で

そのとき、アセンカのお母さんが、不思議な力をもった薬草採りのおばあさんの話や、魔女が猫に化け、牛小屋のミルクをのみに行く話をブルガリア語で語ってくれました。
ルーマニアの北部の、ドイツ系ハンガリー人が多く住む地方の民話だと。
アセンカの従兄のボグダンからは、やぎと銀のすずの話や、美しい妖精を救うために、勇敢な若者がドラゴンと闘う話も聞きました。

でも、ブルガリアの町でブルガリア人から聞いても、それがブルガリアの民話とはかぎらないことに気がつきました。ボグダンが話してくれたのは、ルーマニアの民話だったのです。

ブルガリア、ルーマニア、旧ユーゴスラヴィアのバルカンの国ぐには、幾たびもの争いで地図の国境と民族の国境にずれが生まれ、ことばと生活の文化圏がたがいに重なり、いりまじっています。

その後、たびたびブルガリア人の家庭に招かれましたが、年をとった人ほど、ロシア語やドイツ語の他に、近隣諸国のことばも自由に話していました。

わたしが、ブルガリアの民話に出会ったのは、それからしばらくたってからです。

その頃、寄宿舎では二人目の同室者の、ヴォルガと暮らしていました。ヴォルガは、両親も祖父母もブルガリア人だと、いつも、得意そうにいっていました。

ヴォルガの郷里は、バルカン山脈の山あいのベルコーヴィッツァという町で、大通りも時計台も、広場や共同浴場まで大理石でできていました。雪がひどく降っているときでも、あちらこちらから鉱泉が湧きでていて、あたたかでした。週末は、ソフィアからバスで三時間ちかくかかるヴォルガの家に一緒に帰りました。

バルカン山脈の山あいの町で

庭つづきの隣の家には、八〇歳をすぎたヴォルガのおばあさんが住んでいて、バニッツァ（パイ）をごちそうしてくれました。そのとき、おばあさんが羊の毛を紡ぎながら、昔話や森の精にまつわる言い伝えを語ってくれました。たまに近所のおばあさんも話に加わり、にぎやかになったものです。

このときに聞いた話のひとつ、「炉ばたのマーラ」は、ずっと心に残りました。

シンデレラ型の話でしたが、この王子は、国王に貧しい娘との結婚を反対されると、城を去り、農夫になって糸紡ぎのマーラと暮らす結末になっています。

マーラに美しい衣装をだしてくれるのは、母親の形見の牝牛の手綱です。

どの話も、初めて聞く話なのに、わたしが幼い頃に聞いた話と共通の温もりが伝わってきました。

わたしは民話のもつ豊かな民族性と、世界中の民話が根っこのところで、響きあい重なりあっていることに心をうたれました。

ヴォルガの家での新年は、近所の人も一緒に夜どおし民話を語りあったり、革命詩をうたったり、輪になってホーロを踊ったり、賑やかなものでした。

でも、その奏でる楽器のメロディーは、明るいのに、どこか哀愁をおびていたのです。

だれかが、ブルガリアの若者が、トルコの智恵者ホジャに智恵くらべをして勝つという筋の「ヒッタル・ペータル」の話をすると、みんな、身を乗りだして聞いていました。

わたしは、トルコに五百年も支配され、長いあいだ、生まれた国の言葉を奪われていたブルガリアの人びとの心を垣間見た思いがしました。

ヴォルガの家の新年のごちそうは、大皿に焼いたプイカー（七面鳥）を置き、そのまわりにドマシナ・キセロゼレー（自家製キャベツの酢づけ）を盛ります。そして、大きなピットカ（丸いパン）をテーブルに置いて、みんなでちぎって食べます。

新年のピットカは特別で、パンには葡萄の蔓や、実った麦の穂や、蜂の群れの絵が描かれています。バニッツァは、生地を練るとき、みずきの小枝に願いごとを書いた小さな紙を巻きつけ、焼きこんでいました。わたしが食べたバニッツァには、

「ウスペッフ　ナ　ラボタ！（お仕事がうまくいくように！）」

という紙片が巻かれていました。

みずきは、ブルガリアでは喜びと若さの象徴とされていて、健康や長寿を祈っての、いろいろな伝統的な行事に使われます。

大晦日の晩、男の子たちは、みずきの小枝にドライフルーツや菓子を結わえつけ、毛糸で飾りつけたスロバチカを持って、近所の家々を歌いながらまわっていました。

麦の穂が、たわわに実るように！
庭にはりんごが赤く熟し、家には絹や羊毛がどっさり積まれるように！
みんなが、健康であるように！

ブルガリアの人びとはおおらかで、新年や復活祭などのお祝いは、客を招いて賑やかに楽しみますが、日ごろの生活はじつに質素です。農村では、ヨーグルトもワインも、野菜や果物の保存食の瓶詰（コンポート）も、みんな主婦がつくっていました。

ブルガリアを含め、バルカンの国ぐには、長いあいだ異民族に支配されるという共通の苦しみを味

わってきました。それにも屈することなく、親から子へ昔話を語り伝えることによって、「民族のことば」と、自分たちの歴史と文化の誇りを守り続けたのです。

こうした歴史の中で語り継がれてきたブルガリアの民話に登場するのは、王子や美しい姫だけでなく、猟師やお百姓、羊飼いの若者、森の精、吸血鬼、悪魔など、さまざまです。

貧しい若者や虐げられた者が、智恵と勇気で〝強い者〟をやっつける話や、運命を切り開こうとする主人公のたくましさなど、ブルガリアの民話にでてくる主人公は、みな生命力にあふれています。

何百年にもわたる異民族の支配の中で、親から子に長いあいだ語り継がれてきた民話には、人びとの夢や願いがこめられています。

民話は人びとを励まし、勇気づけ、暗い時代を生き抜く人びとの、抵抗の心を支えてきたともいえるでしょう。

わたしは、詩を研究するためにブルガリアに留学したのですが、それ以後、テープ・レコーダーを抱えて、ブルガリアを中心に、バルカンの国ぐにの民話を採録して研究するようになりました。

この地域の国ぐにの民話には、総じて、しなやかな強さが感じられます。

幾たびもの争いで、ひとつの民族が幾つもの国に別れて住むようになったり、その逆であったりする中で、時を超え、国や民族の歴史を超えて、様々な民話が生まれ、語り継がれてきたのでしょう。

そうして、一つ一つの話のもつ普遍性と独自性は、世界中の民話とつながりあい、響きあっていて、民話のもつ民族を超えた力を感じます。

第一部
みちのく民話まつり

新庄民話の会編

新庄民話の会のメンバー
前列左から、阿部一己、伊藤佐吉（副会長）、佐藤榮一（会長）、鈴木敏子、
後列左から、小山貞子、沓沢豊子、前盛智恵、柿本富寿子、
伊藤妙子、渡部豊子（事務局）（ほかに、大竹智也子、井上ユキ、新国玲子がいます）

基調講演

今、昔話を語り継ぐということ

石井正己

プロフィール
所属　東京学芸大学教授
専門　日本文学
代表著書　『遠野物語の誕生』『テクストとしての柳田国男』

一　東日本大震災から四年、戦争から七〇年

今、東日本大震災から四年半が過ぎました。被災者は家族や住宅・職場を失った悲しみを抱えながら復興への歩みを進めています。しかし、福島県の浜通りでは、避難指示区域から解除されても、内部被曝を懸念する若者たちは戻らず、多くの家族が解体したままにあることも事実です。私たちはこの経験を通して、さりげない日常がどれほど大切かを知らされました。その後も木曾御岳山や口永良部島の噴火、さらに今年は関東東北豪雨の水害が起こっています。

この近くでも振り返ってみれば、例えば、鳥海山は一八〇一年に爆発、新山が誕生し、一八〇四年の噴火と地震がありました。その結果、芭蕉が訪ねた象潟は、一世紀ほど後、二・四メートル土地が隆起して、名勝の八十八島の島めぐりをした場所は田んぼになっています。ああいった大きな地殻変動は、これからもいろいろな場所で起こりうると思います。

今、紅葉が真っ盛りになりつつあるこの日本列島は、とても豊かな自然に恵まれていますが、一方で

その豊かな自然は非情な厳しさを抱えているのです。それが日本列島の自然のあり方であり、私たちはそういった自然と付き合っていかなければなりません。日本に住んでいるとあたり前のことであっても、ひとたび海外に出てみると、それは特色ある文化であることにしばしば気がつきます。

海外で日本の自然災害について講演することがあります。東日本大震災は海外でもテレビやインターネットで流れましたから、皆さんよく知っています。けれども、この日本の現状はなかなか伝えることが難しいという感じを抱いています。例えば、韓国で地震の話をしても、留学生以外は地震の経験がありませんので、地震が実感しにくいし、津波はもっとわかりにくいのです。

そのような中で、日本の災害を世界に知らせて、問題を共有していくことが必要です。なぜ世界に知らせなければいけないかというと、ＮＨＫで「巨大災害」という番組を何回か組んできました。実は巨大災害は日本列島だけの問題ではなく、地球規模で考えなければならないし、異常気象と言われていたが、どうも異常ではないらしいからです。夏はますます暑くなり、冬はますます寒くなるといった環境変化が、緩やかに起こっているのではないか。目の前だけでなく、百年、千年、一万年という単位で、地球環境を認識しなければならないようです。

しかし、話を戻しますと、復興に関わる報道はほとんどありません。東北では各地の新聞が必ず被災地の復興を取り上げていますが、東京では三月一一日の一週間前になると復興の問題がにわかに取り上げられ、一一日が過ぎれば何もなかったかのようになっています。被災地が忘れられていき、記憶の風化が懸念されるとも言われます。

その一方で、私たちには、決して忘れてはいけない気持ちと、忘れることで日常を取り戻していく気持ちの、相反する心の作用があるように感じます。そして、日本全体で言えば、首都直下型地震や南海トラフ地震の心配があります。けれども、そういったことが自覚できているかと言えば、心細いところがあります。東日本大震災を他人事だと考えずに、自分のこととして受け止めることがどこまでできているかということが重要です。

一方、今年は戦後七〇年の節目にあたり、八月一五日まではさまざまな報道が続きました。東京大空襲に始まり、沖縄戦、広島・長崎への原爆投下による被爆をたどって、戦争を再認識しなければいけないという警鐘が鳴らされました。けれどもやはり、八月一五日を過ぎると、報道はばったり消えてしまいました。東日本大震災と同様に年中行事化してしまっていると言わざるを得ません。

私たちが昔話を語り継ぐということを考えようとするときに、すぐ隣にあるのは東京大空襲、沖縄戦、広島・長崎の被爆の体験です。戦争体験者の高齢化が進んでいて、もう体験を語ることができる最後の時期に来ています。戦争の悲劇を繰り返さないために、過酷な体験を未来に語り継ぐことが急務になっています。そのためには、戦争を体験したことのない語り手を育成していかなければなりません。若い人たちの中でも何とか伝えなければいけないという気持ちが強くなっています。

戦争はそうですけれども、震災はどうでしょうか。明治二九年の明治三陸大津波、昭和八年の昭和三陸大津波、あるいは大正一二年の関東大震災も思い出されます。そういった津波や震災を振り返ってみると、個人の体験はなかなか後世に伝わりにくいことに気がつきます。私たちが語り継ぎたいと思っている昔話以上に、実は個人の体験を百年後に伝えることはとても難しいのです。

二　戦後の日本人の生き方を批判した戯曲「夕鶴」

ちょっと入口が長くなりますけれども、昔話を通して戦後七〇年の歴史を振り返ってみましょう。戦後、荒廃した日本が復興していくときに、昔話はどんな役割を果たしたのでしょうか。結論を先回りしてしまえば、私は昔話が戦後の復興の心の支えになったのではないかと思っています。

例えば、「鶴女房」「鶴の恩返し」があります。劇作家の木下順二は戦争中、中野好夫という英文学者に言われて東京の三省堂書店に行き、「全国昔話記録」のシリーズを買い求めます。その中に新潟県の『佐渡島昔話集』があり、いくつかの「鶴女房」が含まれていました。それを読んで「鶴女房」という戯曲を書いたそうです。やがて昭和二四年、一九四九年に「夕鶴」として『婦人公論』に発表され、翌年、山本安英の「ぶどうの会」によって上演されました。

今では林芙美子の「放浪記」のロングランが有名ですが、「夕鶴」は長く上演され、日本演劇界に大事な足跡を残しました。中学三年生の国語の教科書にも、戯曲教材として「夕鶴」は長く採択されてきました。ですから、日本人の多くの子どもたちが「夕鶴」を知って大きくなってきたのです。この山形県には「夕鶴」にちなんで設立された、南陽市の「夕鶴の里」がありますから、よくご存じだろうと思います。

戯曲の「夕鶴」は、矢で射られて苦しむ鶴を救った与ひょうの純愛に報いるために、女性に化身して与ひょうの妻になったつうは、夫が欲に目が眩んでしまうと、その言葉が理解できず、結局、鶴に戻って飛び去ってしまう、というストーリーです。つうが「そんなに都へ行きたいの？……」「おかね」って、そんなにほしいものなの？」と尋ねると、与ひょうは「そらおめえ、金は誰でもほしいでよ」と言いますね。ここに昔話「鶴女房」から戯曲化した主題があって、都中心主義や経済中心主義に対する鋭い批判意識が見られます。戦後七〇年を振り返ってみると、つうの言葉が日本人の心に突き刺さってくるのではないかと思います。

先日、ウルグアイの第四〇代ムヒカ大統領の話が報道されました。ご覧になった方もあろうかと思いますけれども、南米の小さな国ウルグアイの大統領は世界一貧しい大統領だというのです。貧しい家に生まれましたが、日本人の移民から花の栽培の仕方を教えてもらい、それで生きていく手だてを得たそうです。その後、運動家になって逮捕されるような経歴を持ちながらも、やがて政治家に転身して頂点に上りつめ、国民の熱狂的な支持を得ました。

ムヒカ大統領はジャンパー姿で、ネクタイもしない。インタビューの中で、「物を生み出し物を欲しがってきた産業社会が本当の幸せを作り出すとは思えない」と言っていました。そして、「日本人には花の栽培を教えて助けてもらった恩がある。だから、自分は学校を建てて、子どもたちにそれを教えたい」とも言っています。「今の日本人に対してどう思いますか」という問いには、「日本人は魂を失ったように見える」と答えています。この一言はきついですね。

TPPの交渉が進み、太平洋をめぐる新しい経済圏の仕組みが整備されつつありますが、一方で、私たちが経済発展と引き替えに失ってしまった世界があると感じます。木下順二は「民話」に新しい思想を盛り込み、柳田国男はそれゆえに「民話」をひどく嫌いました。それはそれとしても、生活の中で育まれた思想を内在させている昔話の中には、私たちの生き方を問い直すようなきっかけがあるのではないかと思います。

三　山形県内の「鶴女房」と戦後最初の『笠地蔵様』

思えば、南陽市に設立された夕鶴の里は、まさに「夕鶴」を名称にして、民話を育む場所になってきました。ちょうどこの季節だったでしょうか、私も講演にうかがったことがあります。施設の由来になった話は「鶴の恩返し」の伝説でした。山路愛子さんの『むかぁし昔　あったけど』の中に、実に細やかに語られています。

漆山の金蔵という正直な働き者の男が商いに行った帰り道に、大きな鶴が縛られて虐められていたので、子どもたちに金を出して助けてやりました。すると美しい女性が足から血を流してやってきたので、弟切草という薬草を出して助けてあげます。このあたりは普通の昔話にはないところで、人々が薬草を使って傷を治していたことがよくわかります。

翌朝起きてみると、台所からトントントンと音がする。女性は「お世話になったので、機織りが上手だから機織りがしたい。でも、その部屋は見ないでくれ」と頼みます。しかし、金蔵が我慢できずに開けてしまうと、裸同然の鶴が機を織っていました。「私は本当は人間ではなくて、旦那様に助けていただいた鶴です。仏様のありがたいお姿を織り込んだお曼荼羅です」と言って、形見の曼荼羅を置いて消えてしまいます。

金蔵は「鶴でさえ恩返しに来てくれたというのに、俺は約束を破って申し訳ないことをした」と悔やんで、鶴の織った曼荼羅を納めました。そのお寺が金蔵寺から鶴布山珍蔵寺になったという寺社縁起になっています。今頃は銀杏が大変綺麗でしょう。お堂の中に鶴の剥製もあって、「鶴の恩返し」にちなむお寺であることがよくわかります。

『日本昔話通観　第6巻　山形』では、典型話の他に類話一二話を挙げていますから、山形県内でも馴染みのある昔話の一つだと考えていいでしょう。新庄でも、大友義助さんの『新庄のむかしばなし』の中に、安食フジの「鶴の恩返す」が入っています。さらに言えば、山形県だけでなく、戦後日本の復興に「鶴女房」が関わったことを考えてみたいと思うのです。その際に大事なのは「恩返し」というテーマではないかと思います。

もう一つ、戦後の昔話を取り上げましょう。戦中までの国定教科書で人気のあった昔話は「桃太郎」でした。しかし、桃太郎は「鬼畜米英」という合言葉に重ねられ、軍国主義の英雄になりました。その結果、戦後の教科書から「桃太郎」は消えてしまいます。最近の学習指導要領には「伝統的な言語文化に関する事項」が設けられ、いくつかの教科書に「桃太郎」が復活していますが、七〇年近く教科書から追放されてきたのです。では、戦後「桃太郎」に取って代わって教科書に出てきたのは何かと言えば、それは「笠地蔵」だと思います。

ここに綺麗な絵本を持ってきました。表紙には、鮮やかな青空のもと、雪の上にお地蔵様がすっと立って

います。この『笠地蔵様』は、昔話の国際的な比較研究を行った関敬吾が文を書き、秋田県の小坂出身の日本画家の福田豊四郎が絵を描いています。昭和二一年一月、戦後最初の正月に出版されました。文末には、朝日が昇る正月の朝、お地蔵様が置いて行った米俵や千両箱を拝んでいるおじいさんとおばあさんが描かれています。これは実際の正月と重なったはずです。

関敬吾は巻末の「お母さまがたへ」で、「苦しい生活の中にも、信仰に生き自ら持するところがあれば、幸福と平和とが訪れるといふことを、物語に託して子供たちに伝へようとしたものであります」と書いています。戦後の復興の厳しい生活の中でも、信仰に生き慎ましくすれば幸福と平和が訪れることを物語に託したのです。

八月一五日からまだ半年も経たない正月に、幸福と平和を願う日本人が見習うべき規範は「笠地蔵」にあると見たことは重要です。それまでは絵本にされなかった「笠地蔵」がこうして戦後初めて絵本になったことは、歴史的な事件だったと言ってもいいでしょう。私は戦後の復興の心の支えになった大事な昔話は「笠地蔵」だと思っているわけです。

四　児童文学作家が「笠地蔵」に込めた昔話の思想

関敬吾は日本中から集められた昔話を整理して、後に『日本昔話集成』『日本昔話大成』をまとめます。ですから、「この話は各地に少しづつ変つて伝へられてをります。ここにあげたのは越後の話ですが、暖い地方に参りますと、雨にぬれた地蔵さまに笠をかぶせてあげたと語ってをります。四国では地蔵さまといはず、正月さまと申してをりますが、根本の信仰には変りありません」と述べています。

この新庄はもちろん雪深いところですから雪の中の地蔵様ですし、新潟県もそうなのですけれども、温かい地方では雨なのです。そういったことに気がつきながらも、雪の中の地蔵様を採用したのは「笠地蔵」のイメージを固定化する働きを持ったかもしれません。私たちが雪の中に地蔵様が立つというイメージを持つのは、こうした絵本の力が大きいでしょう。

その後、『笠地蔵様』はどこに受け継がれたかと言いますと、例えば、昭和四二年、児童文学作家の岩崎京子さんが書いた『かさこじぞう』が思い浮かびます。これは新井五郎さんの絵と一体になっているすばらしい絵本で、皆さんも図書館で読まれていると思います。今も発行されていますので、もう五〇年近く読み継がれていることになります。

この『かさこじぞう』では、家に帰った爺様は「それがさっぱりうれんでのう」と言って、お地蔵様が雪に埋もれていた話をし、「それでおら、かさこかぶせてきた」と言います。すると婆様は嫌な顔ひとつしないで、「おお、それはええことをしなすった。じぞうさまも、このゆきじゃさぞつめたかろうもん。さあさあじいさま、いろりにきてあたってくだされ」と言います。爺様は囲炉裏の上に被さるようにして、冷えた体を温めます。

普通ならば、婆様は「売れるまで帰ってくるな」と言って、家に入れないのが現実の夫婦だと思います(笑い)。けれども、この爺様と婆様は信じられないくらい美しい心を持っています。その美しい心がお地蔵様を動かすことになります。昔話の主人公は典型化されていますので、正直で優しい主人公は徹底して美しい心を持っているのです。

しかし、「地蔵様はただの石なのに、冷たいも何もあるものか」と言う子どももいるそうです。でも、

「おお、おきのどくにな。さぞつめたかろうのう」と言うのは、昔話を大事に思う人間にとってはごく普通のことです。地蔵様も人間と同じような感覚を持つと考えますから、この言葉は自然に受け止められます。確かに科学的にものを考えることは大切ですが、科学と反する心を失ってはいけないのではないか。ムヒカ大統領は「産業」と言いましたが、私たちは科学だけを尊重しても幸せになれないことを感じはじめています。

先般亡くなった松谷みよ子さんは「笠地蔵」の絵本を何回か書いていると思いますが、ここに持ってきたのは平成一八年の『かさじぞう』です。絵は黒井健さんです。爺は笠が売れずに帰り、その夜、爺と婆は枕を並べて寝ます。婆はうとうとしながら、「おらたちのしんだこらも、じいさまにかさもらって、よろこんでいるべな」と言いますが、爺はむにゃむにゃ寝ています。爺は地蔵様に笠を被せたのに、死んだ子らも笠をもらったと言うのはどういうことなのでしょうか。こうした言葉は、普通の「笠地蔵」には見られません。

松谷さんはこの絵本のカバーで、「「六人生んで六人死んだ。あと二人生んでまた二人死んだ」こう語ったのは群馬のお年寄りでした。生んでも育てることの難しい時代が、ついさきごろまであったのです。そのお年寄りには、やっと二人のお子さんが育ったと聞いて、ほっとしたのですが……」「「かさじぞう」のお話は、子育ての難しかった時代の、辛い思いを抱えて生きている、じいとばあのお話だと思います。寒かろ、と笠をかぶせる地蔵は、死んだ我が子の姿だったのでしょう」と述べています。ここには松谷さん独特の解釈があり、「笠地蔵」をゆがめても、こういう絵本を作り上げたかったのだと思われてなりません。

五　死を受け止める感覚と地蔵信仰の伝統

松谷さんの『かさじぞう』を読んだときに、ここまで解釈するのはちょっと踏み込みすぎではないかと感じることもありました。でも、子どもとお地蔵様の関係は、東日本大震災を経てみると、無視できないところがあります。その前の阪神・淡路大震災ではあまり話題にならなかった現象ですが、東日本大震災では宗教の問題が重要になっています。そこにお地蔵様が深く関わっているように思います。

被災地の三陸海岸には夫を海難事故で亡くされた奥さんもいて、長く海とつき合いながら生きてきました。東北地方では死をめぐる感覚が脈々と生きつづけてきて、それが東日本大震災のときに湧き上がってきたのだと思います。私が三〇年以上前に初めて山形県に訪れたのは、ここから南の中山町に住むオナカマに会うためでした。オナカマはイタコと同じで、目が見えず、口寄せをする巫女です。宮城県のオカミサンと呼ばれる巫女にもずいぶん会いました。

口寄せというのは、二〇代の私にはよくわからない世界でした。私が行ったので、口寄せを見せてくれることになり、オカミサンが神棚の前で小さな弓を叩きながら神降ろしをし、さらに仏降ろしをします。向かいには依頼者の奥さんがいて、「あのときどうだった?」と聞くと、「看病してもらって大変ありがたかった」と語るのです。依頼者たちは手拭を濡らして泣き、後半は家族のことを尋ねますが、「何月何日は水の難があるから気をつけろ」などと言い、それを書き留めて家の鴨居に貼るわけです。そういう世界があることを知りました。

宗教学者の山折哲雄さんが宮城県石巻市の、たくさんの子どもたちが避難する途中亡くなった大川小学校を訪ねたら、そこに親子地蔵が建てられていたそうです。大川小学校だけでなく、被災地にはいくつもの地蔵様が建てられています。改めて地蔵信仰の根深さを思うわけですが、山折さんは今年、『おじぞうさんはいつでも』という絵本を出されました。

その中で、お地蔵さんは春の暖かいときにも、夏の暑いときにも、秋のひんやりするときにも、冬の寒いときにも人々を見守っている、そういう世界を絵本の中で作り上げています。その絵本が復興を支えるのではないかと考えているわけです。その絵本からは、脈々と生きつづけてきた地蔵信仰が再生するような感じがします。

私のように昔話を考えてきた人間には、その前提に「笠地蔵」があると思います。すでにお話ししましたように、「笠地蔵」は絵本によって戦後の復興に関わってきました。そして、今、東日本震災からの復興でも「笠地蔵」は意味を持つのではないかと思います。ウルグアイのムヒカ大統領は「日本人は魂を失った」と言いましたが、そんな日本人ばかりではないと言いたいですね。そのためにも、私たちは「笠地蔵」を語り継ぎ、未来の子どもたちにプレゼントしなければなりません。

一方で、岩崎さんの『かさこじぞう』はどの教科書にも載って、国民的な教養になりました。教科書の働きは実に大きくて、太宰治の「走れメロス」、芥川龍之介の『羅生門』、夏目漱石の『こころ』をみんなが知っているのは教科書に載っているからです。しかし、「経済大国になった日本で、なんでこんな貧乏くさい話を載せるのか」といった批判が、政治家から起こりました。教科書から追放したいと思ったのでしょう。でも、『かさこじぞう』は今日まで掲載されつづけました。

しかし、経済大国に陰りが生じ、「派遣村」ができたこともありました。年末年始には日雇いで働く場所がなくなり、寝る場所がなくて凍え死んでしまうような人たちがひもじい思いをしないように、派遣村ができたのです。本来ならば正月やお盆には、都会に出ていても、ふるさとに帰るというのが日本人の行動様式だったはずです。ところが、ふるさとに帰れなくなっているのです。

豊かになったはずの日本ですが、正月を越せない心配は他人事ではなく、明日の自分かもしれないという感覚は多くの人にあると思います。私たちはリスクの多い、非常に不安定な社会を生きています。そんなときだからこそ、時代の変動を乗り越えていく力を「笠地蔵」が持つと感じざるを得ません。たかが昔話とあなどってはいけません（笑い）。「笠地蔵」を捨てた途端に、我々は大切な心を失ってしまうのではないかと思います。

六　優しさの道徳観が変形させた「カチカチ山」

もうちょっと本質に入ってみたいと思います。「鶴女房」も「笠地蔵」も、そこにある思想は「恩返し」です。助けてもらったら、その恩を返さなければいけないというのは、日本人が持ってきた義理人情の世界です。これが「鶴女房」や「笠地蔵」が大事にされてきた理由でしょう。

では、昔話の世界で「恩返し」の対極にあるのは何かと言えば、「敵討ち」「仇討ち」だと思います。「恩返し」と「仇討ち」は表と裏の関係にあります。例えば、この辺で言うと、「雀の仇討」もそうですね。少し前のテレビドラマで、「やられたらやり返す。倍返しだ」という言葉が話題になりました。だんだん過剰になって、「十倍返し」という言葉まで生まれました。やられたらやり返したいという思いが人間の中に潜んでいるのです。

ところが、この仇討ちも、昔話絵本の中ではだんだん変容しています。「カチカチ山」では、狸がおばあさんを殺し、泣いているおじいさんに代わって兎が狸を殺します。狸がおばあさんを殺した後で、婆汁にして食べさせるという語りもありますが、基本的な構造は、狸がおばあさんを殺し、おじいさんに代わって兎が狸を殺すところにあります。

しかし、戦後の昔話絵本の中で好まれてきた「カチカチ山」は、そうではありません。狸はおばあさんを殺さず、怪我をさせるだけです。従って、仇討ちも緩和され、兎は狸をこらしめても、死ぬことはありません。最後はおじいさんとおばあさんのところに行って、狸は「ひどいことをしてごめんなさい。許してください」と謝ります。おばあさんは「もうひどいことはしないでね」と言って、みんな仲良くなるのです。

こういう「カチカチ山」が図書館にはいくらもあります。現代の道徳観や教育観に影響されて、それまでの「カチカチ山」が変形されて、悪いことをしても許してあげるようになっているのです。それは、「もう悪いことはしないでね」と言って、許してあげるような優しい教育が学校にも家庭にも蔓延していることと関係があるはずです。

しかし、狸はそのままだったら食われるわけですから、おばあさんを殺して生き延びようとするのは当然です。私たちは人間の側からしか見ることができていないと思います。ひとたび狸の側から見れば、おばあさんを殺して山に逃げるのは当たり前で、やりすぎなのは婆汁にして食わせるところだけです。最後に狸汁にして食べないことからすれば、これは脱線した語りだと見ることができます。昔話は聞き手の受けを狙ったりして、おもしろいところへ動きやすいのです。

どうも、「カチカチ山」には私たちの人間中心主義の思想を批判するところがあるように思います。しかし、語りをしている方々や図書館で読み聞かせをしている方々、学校の先生に、「カチカチ山」の本質はこういうところにあるとお話しすると、「でも先生、父兄の目がありますから」と言われてしまいます。でも、本当にそうでしょうか。

取り返しのつかないことや謝っても済まないことがあることを、子どもたちに教えておくことのほうがはるかに重要だと思います。「ごめんなさい」と言って許してもらえるのは学校と家庭だけで、社会に出たら通用しません。世の中には許されないことがあると教えておく機会を失っているのではないかと感じます。「カチカチ山」は残酷だと決めつけて、語り手や先生方が排除してしまうのは、子どもたちをたくましく育て、生きる力を身につけさせる機会を奪っているとさえ思うのです。

七　自らの手で自らの昔話集をまとめた新庄の足跡

もう少し山形県のお話に移しましょう。山形県は戦中まで昔話がほとんどない地域だと見なされてきました。それは昔話を採集し報告する人がいなかったからです。戦後になって録音の技術が普及すると、山形県は日本の昔話採集のトップランナーとして、一躍注目される地域になります。昭和六一年、今から三〇年ほど前に発行された『日本昔話通観　第6巻　山形』では、むかし語りが四〇七話型、笑い話が四三二話型、動物昔話が一〇〇話型、合計九三九話型を数えています。多様な昔話が山形県にあることを明らかにし、日本で最も豊かな昔話を伝える地域であることが明らかになったのです。

そのために山形県内で力を尽くした方々がいます。庄内では亡くなられた清野久雄さん、最上では亡くなった佐藤義則さん、そして今日見えている大友義助さん、村山では滝口国也さん、置賜では亡くなった武田正さん。こういった方々が地元の昔話をこつこつと掘り起こしてきました。庄内の早物語や置賜の木小屋話は、それぞれの地域の特色ある伝承であることが明らかになりました。

それに加えて山形県が恵まれたのは、東京の國學院大學で教鞭をとられた野村純一さん、そして真室川町出身の、今日見えている野村敬子さんご夫妻が、山形県との間を行き来して、昔話を採訪しました。しかも、ただ集めるだけではなく、山形県がどんなに大事な場所かということを全国に発信しつづけたのです。野村ご夫妻が発見したのは、例えば、この最上は姉家督による昔話を伝える地域だということでした。そういったこともあって、この地域には本格的な昔話が豊かに伝えられてきたのです。

山形県ではたくさんの昔話が集められたというだけではなく、昔話の研究にそれらの話がどれだけ重要な意味を持つかということを常に発信しながら進んできました。ですから、戦後七〇年の間に、そうした意味で、山形県は日本の最先端の地域になったのです。これは新庄で話すからということではなく、全国の昔話の研究者の誰もが認めることでしょう。

新庄では、第三〇回のみちのく民話まつりが行われているように、町を挙げて昔話の記録化に力を注いできました。市町村史の民俗編の中に昔話が入ることはありますが、単独で町が昔話集を出すことは、実はそんなに多いことではありません。昭和四六年の『新庄のむかしばなし』には一五五話が載っています。この中には明治二〇年から大正六年生まれの一九人の語り手が出てきます。一時代前の、今では聞けなくなってしまった昔話が豊かに残っています。

新庄市教育委員会が発行したこの一冊があることによって、「新庄の昔話はこれだ」と呼べるような基本形を持ったことになります。こうした昔話集を持っているということは、地域で昔話を大事にしていこうとするときにとても大切です。多くの町の行政はたかが昔話と見て、長い間昔話の価値を認めてきませんでした。外から昔話が発見されることはあっても、中から発見することはなかなかできることではなかったのです。

そして、昭和六一年に新庄民話の会が発足します。さまざまな事業を展開しながら、平成二一年には『新庄・最上の昔話』がまとめられ、一二一話が収録されました。これも行政が支援をして昔話の価値を見出したものです。新庄だけでなく最上まで広げ、『新庄のむかしばなし』の次の世代の語り手を発掘しようと考えて、四五人の昔話を載せました。二一世紀になって作り出された現代的な昔話集だと思います。

日本の昔話集の発行には波があって、商業ベースに乗らずに自費出版で出してきたところから、バブル期にはディスカバージャパンのようなふるさと再発見の動きと連動して、出版社が請け負った時代もありました。しかし、二〇世紀の末になると、昔話集の数はぐんと減ります。もう新しい昔話は見つからないとして、研究者は地方を歩かず、デスクワークに入っていきました。今では昔話の現場を知らずに昔話の研究をしている研究者はいくらもいます。

一方、ヨーロッパでは産業革命によって昔話が急速に失われて、机の上の研究が普通になりました。けれども、日本では柳田国男が言ったように、行って聞きたければいつでも聞くことができました。ところが、二〇世紀の末からそれが困難になりました。しかし、新庄では自らの手で自らの昔話集をまとめました。これは大変なことですが、やはり大学の研究者にまとめてもらった昔話集とは違います。

八　二〇世紀に残した昔話遺産を二一世紀に生かす

何度かうかがってみて、この新庄では伝統的な生活を大事にして、その中に昔話が息づいているという印象を持ちます。ですから、新庄民話の会の方々もとりわけ新庄の言葉を大事にしているところがあります。昔話というのは改まった言葉で語るのではなく、普段の言葉そのものでした。日本の中からどんどん方言がなくなり、昔話も消えていきました。

ところが、新庄では昔話を支える豊かな方言の生活があって、それが昔話と連続しているように思います。ですから、変な話ですけれども、昔話は方言で語るけれども、家に帰ったら方言を使わないというようなことではありません。新庄は地で行くというか、それゆえの強さがあると思います。だから昔話の言葉が生きているのです。

ちょっと前までは、共通語は綺麗な言葉だけれども、方言は汚い言葉だと考えられていました。東京学芸大学には日本各地から学生たちがやってきますが、二〇年前は、東北から来た学生は自分のふるさとの言葉を隠そうとしました。でも、今の学生たちはふるさとの言葉を隠そうとはしません。山形、大阪、広島から来て、それぞれの言葉でしゃべっています。それに対して東京の学生は、「私たちにはああいう言葉がないので、うらやましい」と言っています。

全国の均一化が進んでいますが、一方で地域の言葉がすごく価値を持ってきています。方言が作り出す絆というのは強いはずです。山形県内でも、庄内弁とか置賜弁とかいう区別は今でもわかると思います。ちょっと前までは、「あなた、あの辺りの集落でしょう」というところまでわかったはずです。

確かに方言で語られる昔話は地域の絆をつくる言葉であり、東日本大震災の被災地で重視されているのもそうした働きがあるからに他なりません。建物が建ち町ができれば復興かと言えば、どうもそうではないと気がつきはじめています。「心の復興」がやっと言われるようになりましたが、そのときに一番大事なのは言葉ではないかと思います。ふるさとを再生する根幹は言葉にあるとすれば、伝統的な言葉を最も大事に伝えてきたのは昔話です。ふるさとの復興を語るときに、昔話を持つか持たないかは大きな違いがあるでしょう。

みちのく民話まつりは三〇回、山形語りのつどいも一五回になりましたが、これは全国的に見ても例がない継続です。継続こそ力であると思いますが、今一番大きな課題は、これを次の世代にどのように伝えていくかということです。思えば、柳田国男は「昔話はなくなってしまうので、早く集めなくてはいけない」と言いました。その呼びかけに応えて、全国の人々が山に入り島に渡って、熱心に昔話を集めました。

韓国や中国では国が昔話を集める事業を推進して、今も継続されていますが、日本では良かれ悪しかれ、国はまったく関わりませんでした。すべての昔話が民間の人々の力で集められました。『日本昔話通観』の帯では「約6万話」と書いていますが、それ以降の資料もたくさんありますので、六万話では済まないと思います。いずれにしても、二〇世紀をかけて研究者が多くの昔話を集め、ユーラシア大陸の東端にある島国が世界でも名だたる昔話の宝庫であることを証明しました。

しかし、それが世界に認識されないのは、日本語で書いてあるためだと思います。やはり海外の人々は日本の昔話はなかなか読めません。英語で書けばもっと違う世界が開けるはずですが、残念ながらまだそこまで進んでいません。そもそも方言で書かれた昔話は日本人にとっても難しいわけですから、英語での発信は容易ではありません。でも、外国人の観光客が急速に増えていますので、そうしたことが刺激になって、発信の契機が生まれないものかと期待します。

では、二一世紀はどうなるのでしょうか。二〇世紀が研究者の時代であれば、二一世紀は語り手の時代だと思います。これはお世辞でもなくそう思います。今、研究者より語り手のほうがはるかに生き生きとしています。民俗学をはじめとする昔話の研究者は、昔話を集めて資料集を刊行しましたが、その昔話が地域に還流することを嫌いました。自分が集めた昔話が語られれば、純粋な昔話が得られなくなると考えたのです。それは二〇世紀の学問の限界だと思います。

昔話を集めに歩いたとき、研究者は語り手たちに勉強しないでほしかったのです。昔話を勉強してそれを語られたら困るので、余計な知識はいらないと考えました。でも、それはおかしいですね。自分たちが求める昔話にしか関心がなく、語り手を一人の人間として考えていませんでした。語り手の人生や生きがいを認識できなかったということを研究者は率直に認めて、これから昔話に関わらなければならないと思います。

二一世紀においては、もちろん地域や学校・家庭で、二〇世紀に残された昔話の遺産を生かしていくことが当然あっていいはずです。それは柳田国男を裏切ることになるかもしれませんし、民俗学を超えるような運動であるかもしれませんが、躊躇することはありません。二〇世紀の遺産をそのまま眠らせてしまったら、何のために六万話集めたのかということになると思います。

九　研究者も語り手も現代の伝承を担っている

山形県は最も多いと思いますけれども、全国にふつふつと語りの会が生まれ、熱心に活動を始めています。その際に研究者が与えた言葉に、「伝承の語り手」と「現代の語り手」という概念があります。伝承の語り手はおじいさんおばあさんから話を聞いて語っている語り手、現代の語り手は本で読んで覚えて語る語り手という二分法です。その背後には、伝承の語り手はランクが上で、現代の語り手はランクが下だという価値観があります。

しかし、これは違うと思います。伝承の語り手と現代の語り手は、たぶん対立するような概念ではありません。伝承の語り手だって現代を生きていて、現代の語り手だって伝承の中にあるわけです。私たちは目の前の限られた世界だけでなく、もっと大きな視野で伝承の現代性や現代の伝承性を見つめなければなりません。研究者も語り手も大きな流れに関わっているんだと認識する必要があるはずです。

この間に私が東日本や西日本の語りの会を見学したり、ご一緒したりしてみると、その活動は千差万別です。大雑把な認識ですが、東日本は保守的ですが、西日本は革新的なところが見られます。昔話を語るときに太鼓や鈴が入るというのは、東北では考えられないでしょうけれども、西日本では実際に行われています。

今、さまざまな地域で昔話を伝えたいと思って活動していますが、そこでの質が問われることになります。しかし、そうした活動に対して、外部から批判を述べることはなかなかできません。私たちはどのような昔話を未来に語り継ぐべきなのかということを、勇気をもって議論しなければならない時期を迎えています。そうしなければ、活動は盛んになったけれども、昔話は滅びたということになりかねません。それではまったく意味がないことになってしまいます。

そして、どうやって次の世代の後継者を育てていくのかということが大きな課題になっています。かつての昔話の世界というのは生活と重なっていたわけですが、この間の生活の変容には著しいものがあります。大晦日という時間の中で「笠地蔵」が意味を持ったことは明らかですが、大晦日の過ごし方もすいぶん変わっています。そうした時代の流れの中に昔話を位置づける必要があります。

しかし、改めてこれを伝えようとすると、今の若い人たちは便利な環境の中で生活していますから、伝統的なものを伝えるのは「重い」と感じています。そういう中で語り継ぐということを純粋な口頭伝承だけでできるかと言えば、それはなかなか困難でしょう。やはり六万話残してくれた記録を昔話遺産として生かしていくことをためらう必要はないと思います。

思えば、昔話の世界と現実の世界はどんどん距離が広がっています。よくお話しすることですけれども、おじいさんは山へ柴刈りに、おばあさんは川へ洗濯にと言っても現実感がありません。子どもが柴刈りを理解できず、芝刈りと誤解してしまうのは当然です。雑木林のある里山に入って燃料にする柴を取り、囲炉裏やかまど・風呂焚きに使う生活は、ガス・水道・電気が普及してなくなりました。川で洗濯と言えば、環境汚染になってしまいます。洗濯機ができれば、洗濯は洗濯機に任せてしまうのが普通です。

もはや、昔話にある柴刈りも洗濯もわかりにくくなっています。里山や里川は私たちの暮らしの中にあったのですが、とても荒廃しています。それらを大事にしないといけないというのは当然です。でも、里山や里川が維持されてきたのは、柴刈りや洗濯があったからだとは誰も言ってくれません。人々の生活から切り離された環境保全にはうさんくささが感じられます。人間との有機的な関係を失ったまま、里山や里川の保全を言っても意味がないと思います。

なぜそのようなことに執着するかというと、昔話を語り継ぐというのは、単なる話術の継承ではないと考えているからです。例えば、落語では、若い人が師匠のもとに住み込み、徹底的に仕込まれてプロの噺家になります。昔話を語って生活するような語り手が生まれる可能性もなくはありませんが、昔話は商売にならないところにその意義があるようにも思います。うまいとか下手だとかいう技術を超えて、昔話の持つ思想を未来に語り継ぎたいと思います。

一〇 昔話の持つ潜在的な力を引き出す必要性

例えば、現代は携帯電話の時代になっています。私は持たないという主義の人もいますが、ここにいらっしゃる多くの方が携帯電話を持って生活していて、それなしでは不安だという人もいるでしょう。子どもが心配なので、持たせている親たちもたくさんいます。東日本大震災を経験して、家族の安否を知るためになくてはならないと思っている人も多いはずです。

テレビの番組で見て、大変ショックを受けたことがあります。福島の原発事故で人々が避難しましたが、学校には英語を教える外国人教師が来ています。ところが、その番組では、彼らは日本語が通じず、いったい何が起きているのかわからなかったというのです。電気がだめなのでパソコンが使えず、携帯電話も通じず孤立してしまったそうです。防災の国際化も遅れていると言えましょう。

やがて五年後に東京オリンピック・パラリンピックがあり、二千万人の外国人観光客を誘致すると言います。すでに中国からたくさんの人たちが来て、爆買いというかたちでたくさんの品物を購入し、日本の景気を支えているとも言われます。しかし、首都直下型地震が起きて外国人観光客の命を守れるかと言ったら、その準備はほとんどできていません。二千万人の外国人観光客誘致だけが独り歩きして、それを支える駐車場も宿泊施設はもちろん、防災体制もありません。

今、急速に情報化や国際化が進んでいることを申し上げました。なぜ昔話を語り継がなければいけないのかというときに、こうした状況は無関係ではないと思うのです。すでに述べたように、方言で語られる昔話が地域の絆をつくる働きは強く、それによって育まれるふるさと意識もあるでしょう。でも、昔話の普遍的な価値を見出ださないと、私たちは周囲の人々を説得できません。「昔話を語るなんてけっこうなご趣味ですね」と言われるところから逃げられません。

かつて昔話はおとぎ話や童話と呼ばれ、子どもだましの話と見なされていました。しかし、昔話には私たちが抱えている現代の問題に向き合う力があるのではないかと思います。例えば、高齢化という問題があります。医療の発達によって、日本人は八〇歳を超える平均寿命を手に入れることができました。にもかかわらず、高齢化が社会に問題になっています。

でも、高齢化問題はここに来て始まったことなのでしょうか。私たちは昔話の中に「親捨て山」の話があることを知っています。六〇歳になったら親を捨てるのが掟だったが、年寄りが難問を解く知恵を発揮したので、年寄りを捨てなくなったという由来を語ります。親を捨てなくなったというのは美談ですけれども、それで高齢化問題がなくなった感じを与えるとしたら危険です。

一方、柳田国男の『遠野物語』の中には、六〇歳になると年寄りを蓮台野（デンデラ野）に捨てたという話があります。年寄りは捨てられても死ねないので、朝は野良仕事に行き、夕方は野良仕事から帰るので、前者をハカダチと言い、後者をハカアガリと言ったそうです。この話は高齢化の問題を伝説の中に抱え込んでいることがわかります。おそらく人間は古くから高齢化の問題と向き合ってきたのだと思います。

あるいは、昔話にはいじめの問題もあります。継子いじめが多いのですが、これも昔話が大切にしてきたテーマです。学校でのいじめやそれによる自殺が問題になりますし、最近は家庭における児童虐待が問題になっています。「鉢かづき」では鉢をかぶった継子が川へ飛び込んで死のうとしますが、母親が被せた鉢が浮いて助かります。やがて継子は鉢が取れて、中にあった宝物で幸せになります。

私は「鉢かづき」の話を知っているか知らないかで、差があると思っています。いじめられても幸せになれるという物語を持っている子は、つらくても辛抱できるのではないかと思うのです。昔話なんてくだらないし、継子いじめはとうの昔になくなったとして、昔話を捨てたときから、現代社会はより深刻な悩みを抱え込んでしまったと思います。

私は、人間が語り継いできた昔話には、たいていの問題に対応できる力があると考えています。しかし、研究者も語り手その潜在力を引き出す努力をしていないように思います。どのように昔話を語り継ぐかという技術よりも、なぜ昔話を語り継ぐのかという本質が重要だと考えるのはそのためです。昔話を語り継ぐことが必要だと考える理由をきちんと説明できなければなりません。そうすれば「伝統的なものは大事だから」というようなお題目ではなく、もっと力強く昔話を未来に引き渡せると思います。まだ言葉が足りませんが、時間になりましたので、ここまでにいたします。ご清聴ありがとうございました（拍手）。

（二〇一五年一〇月一七日、新庄市市民プラザ）

参考文献

・石井正己編『命を見つめて生きる力を育む国語科の授業に関する総合的研究』東京学芸大学、二〇一六年。
・稲田浩二・小澤俊夫責任編集『日本昔話通観　第6巻　山形』同朋舎、一九八六年。
・岩崎京子文、新井五郎絵『かさこじぞう』ポプラ社、一九六七年。
・大友儀助採話『新庄のむかしばなし』新庄市教育委員会、一九七一年。
・大友義助編集『新庄・最上の昔話』新庄民話の会、二〇〇九年。
・くさばよしみ編、田口実千代絵『世界でいちばん貧しい大統領からきみへ』汐文社、二〇一五年。
・関敬吾文、福田豊四郎絵『笠地蔵様』日本美術出版株式会社、一九四六年。
・松谷みよ子文、黒井健絵『かさじぞう』童心社、二〇〇六年。
・山折哲雄文、永田萌絵『おじぞうさんはいつでも』講談社、二〇一二年。
・山路愛子編著『むかぁし昔　あったけど』東神文化企画、二〇一一年。

意見発表

社会通念としての「昔話」を

野村敬子

プロフィール
所属　國學院大學栃木短期大学講師
専門　口承文芸学
代表著書　『語りの廻廊—聴き耳の五十年』『雀の仇討』

一　みちのく民話まつりの三〇年

「第三〇周年記念開催・みちのく民話まつり」おめでとうございます。私はこの地方で生まれ育ちました。母は新庄市金沢が生家でしたので、私のマザースタングは新庄弁が混じっているかも知れません。先ほど新庄ばやしを聴きまして、母なるものとして非常に懐かしく、とりわけ幼い方たちの掛け声には涙がでるような深い想いを味わいました。ありがとうございました。私は久しく新庄・最上地方で昔話の継続研究をしておりますので、この度の三〇周年は自分のことのように嬉しく参加させていただいています。初めの頃は雪の季節に行われていましたが、市長さんが馬橇に乗っていらしたり、萩野会場前で大きなオサイトウを燃やしたり、印象深くしております。

とりわけ忘れ難いのはこのお祭りで、国際結婚で韓国からおいでになったばかりの庄司明淑さんが「韓国昔話」を語られたことです。美しい民族衣装・チマ　チョゴリ姿で「イエンナル　イエンナル」と語り出しました。会場に居合わせた東京の方々の強い希望もありまして、『明淑さんのむかしむかし』（かのう書房）の出版という次第になりました。新庄民話の会の須藤敏枝さん、山科千代さんの御協力を頂いて実現したことです。

それを機会に東京の日本民話の会、渋谷区民講座、語り手たちの会、千葉県船橋女性センターなどでの、明淑さんの講演や語り活動も行われました。横浜市会場の手づくり紙芝居サミットでは、明淑さんの手づくり紙芝居作品が上地ちづ子さんの紹介で展示されました。新庄市のみちのく民話まつりの発信が、次第に人々の優しい想いの連鎖を生み、創造的で新たな国際民間説話・民話時代の到来を予感させたものでした。

本日、会場に庄司明淑さんが車椅子の御夫君と共にお出でになっていらっしゃいますが、あの日から約三十年、須藤さんともども国際昔話で結んだご縁の深さを大事にしてまいりました。明淑さんの韓国昔話活動や手づくり紙芝居作品について、新庄発信の新たな国際民話レポートを、石井正己先生のお力添えをもちまして、韓国のソウルで行われました韓日共同学術会議に「在日外国籍妻の民話」としてお届けすることが出来ました。そのご報告を申しあげます。

二　東北大震災に向き合う際の語り文化の試練

ところで、みちのく三〇年間の出来事として何よりも記憶に残りますのは、五年前の三月一一日の東北大震災でした。テレビニュースで津波が人も町並みも根こそぎ奪い去る様子を見ました。地面が大きく割れて、道路が分断されていました。この自然の猛威に愕然としました。私は七七歳ですが、未だ剥きだしの自然を知らなかったのです。

昔話では、清廉な主人公の生き方に、山の神も田の神も水の神も海の神も必ずや報いて、幸せな結末を用意してくれました。その山や川や海に父なる・母なるものとして尊崇の念を禁じ得ないのが実情でした。

しかし、あの混沌、カオス。東北大震災の巨大なエネルギーは、地球や宇宙が内蔵する力学を映した神話に通う世界でした。天地創造の初源、人類の及ばない力との関わり方を示したのが神話であると気がついた瞬間でした。『古事記』『日本書紀』の神話、そして地域創造の地方神話の重要性も再確認させられました。子どもたちに神話が持つ宇宙観を、例えば、ダイダラボッチなどの、身近な地方神話における強大なエネルギーも伝えたいと思いました。

東北大震災では被災された方々が首都圏に避難して来られました。このとき、語り文化は何をなすべきか。そこにおける昔話はいかなるものなのか。私は昔話の活動についての大きな反省を迫られました。

当時、福島県の知人を探して幾つかの施設を廻りました。同じ施設に三日通っているうち、じっと座り続ける年配の方々のお姿には気掛かりなものがありました。話し語りの相手になることは出来ないものだろうかと、私は昔語り活動をされている方と改めて施設を訪ねました。

しかし、施設の受付係は、「観光にきたのではないよ。そんなときじゃないでしょう」と相手にしてくれません。新学期が始まる頃、私の通う短大に近い栃木市の施設にも、被災者がたくさん居られました。語りの活動をされる間中一代さんと昔話語りボランティアをと施設を訪ねました。

しかし「市役所で聞いて許可を」と言われました。市役所では「施設の方で」と言うばかりで、私たちは振り子のように動きながら、学校に行けず、施設を走り廻る子どもたち、昨日と同じように座り込むお年寄りの様子を目の当りにして、このまま引き下がれないものを感じたのでした。

受付の方が困惑されたのは、個人の問題ではなく、社会通念として昔話という文化理解が行き亘っていないからと思われます。私は日頃、昔話についての比喩として、大海で漂流し、全てを失って流れ着いた所で、言葉と物語で自己証明と自己確立がはかられるという認識を持っていました。この度の大震災と原発被災は、誠に身一つで逃れて来られた、比喩をはるかに超えるところに、昔話文化の試練があるのでした。

三　寄り添って言葉をかける昔話の力

東北の民俗には、「揺り籠から墓場まで」、昔話と濃密な関わりの文化記憶が辿られます。宮沢賢治の「雨ニモマケズ」の中に「東ニ病気ノコトモアレバ　行ッテ看病シテヤリ　西ニツカレタ母アレバ　行ッテソノ稲ノ束ヲ負イ　南ニ死ニソウナ人アレバ　行ッテコワガラナクテモイイトイイ」というところがありますが、宮沢賢治が望んだこの精神こそが昔話の実践に繋がりましょう。

ちなみに、山形県真室川町八敷台の通称アジ・柴田留五郎さん（一八七九〜一九四一）は、百姓仕事をしない文人でしたが、村の誰かが病気になると終日付き添い、火の入った手あぶりを持参して、枕元で昔話などを語ってあげていたそうです。そこには幼い弟妹を負んぶした、子守りのために学校に行けない子どもたちが集まってきたそうです。

また、真室川町新町の小松ヒデノ婆（一八九七〜一九四二）は、コシダキとして産婦に付き添い、特に難産のときに呼ばれて介添えしたそうです。内実はただひたすら言葉を継ぎ、笑い話をして産室の活性をはかるものと知られます。

また、新田小太郎さん、今義孝さんは太平洋戦争中、ニューギニアの戦地で傷病兵の看取りに、故郷の言葉で昔話語りをしたそうです。これも命を護る民俗の発露に違いありません。

これら四人の語りの姿からは、病気で苦しいとき、力が萎えそうなとき、寄る辺なく心寂しいとき、寄り添って言葉をかける昔話本来の力が思い出されます。それら昔話の動態については、『真室川町の昔話』全六冊（真室川町教育委員会）、『ふるさとお話の旅　山形』（星の環会　井上幸弘・野村敬子編）や、自著『語りの廻廊―聴き耳の五十年』（瑞木書房）に記録化されています。

結果として、栃木県で私たちは特別老人施設を含む、いくつか被災者施設で語り聴く場を持つことが出来ました。私と同年配の方は「浪江から放射能禍で逃れて来た」と涙をこぼしながら、「二、三日かと思って何も持ってこなかった。大移動で、皆と次の山間地に行くのがつらい。アパートを探したいが、相談する人が無くて」と話されました。早速知り合いの鳶職が住まいを探すということもありました。迷路を一人で歩むようなときに、語り聴く対面文芸の透明な人間関係が齎す世界があります。

気掛かりなのは、避難施設に移動が続くうち、学校に行けない子どもたちがいることでした。すぐ近くに小学校がありますが、「手続きがめんどうなので、次の移動もあるので」という話でした。子どもたちの心が荒れている様子は、年寄りに持って行ったテーブルの生菓子を攫っていく様子からも知られるところでした。子どもたちの心は不安定なのです。可哀想に、それは非常に危険な兆候にも感じられました。早速子どもたちと昔話を語り合いっこをしました。

元教員の語り手・間中一代さんのおはからいで、翌日から退職された校長先生たちにお願いして、午前中の勉強会を持つことになりました。子どもたちに各自の名を記して絵本・鉛筆を贈りましたところ、胸に抱いて持っていってくれたそうです。被災後初めて自分の学用品と本ができたというのです。胸がつまる想いでした。昔話の聴き手としての子どもたちだからこそ結ばれた絆でした。

語り聴く、それ以上でもそれ以下でもない人間関係を作りだす、世の中で最もシンプルな対面関係から昔話語りは生まれます。しかも昔話の絆はしなやかで強いのです。現在も栃木の特別老人施設で紡ぐ、被災の方々との出会いは大きな教訓を含む時間となり続けています。

思うに、二〇世紀の昔話は好きな人びと、大事だと思う一部分の人びとの中で実践や研究が行なわれてきました。しかし、それだけでは不十分のようです。私は東北大震災での経験で、より大きなレベルの、謂わば社会通念として昔話認識の通底を願うところとなりました。

その願いを新庄市で申し上げるのは、昨夜の歓迎会で、市長さんが昔話を語られたからです。市長さんが昔話を語る役所としての個性に大きな期待を覚えたからです。傾聴ボランティアというものもありますが、昔話の語り聴く対面文芸の対等な関係性からみますと、バランスが悪いように思われます。『異制庭訓往来』には、鎌倉時代にすでに「祖父母物語」とあり、昔話が行なわれていた様子が知られます。古くからの優しさを内包する文化蓄積を生かして、二一世紀の新たな知性として、もっともっと昔話の精神を社会通念として行きわたらせることを再認識したいと願う次第です。是非、新庄からの昔話の発信としていただけますようにと祈念申し上げます。

意見発表

これからの「語り」に思う

小野和子

プロフィール
所属　みやぎ民話の会
　　　日本民話の会
専門　民話の採訪と再話
代表著書
『みちのく民話まんだら』（北燈社）。『長者原老媼夜話』（評論社）ほか。

一　切り離せない「語り」と「暮らし」

宮城県からまいりました小野和子でございます。

わたしは宮城県を中心に、時には岩手、山形、福島なども歩きまして、民話を語ってくださる方を探し、ひとつふたつと聞かせてもらった民話を記録する……、こんなことを、指折り数えましたら四五年も続けておりました。

と言いましても、わたしは岐阜県の生まれでして、東北には血縁も地縁もなく、ほんとうに無手勝流で、山のムラや海辺の町をほっつき歩いて、一軒また一軒とめぐって、民話を聞かせてもらう旅をしてきたというわけです。わたしの家族は、わたしのことを「お話のおもらいさん」と呼びますが、ほんとうに歩いて歩いてお話の施しをもらうわけですから、この渾名は的を射ています。

誰にたのまれたわけでもなく、その道、例えば、民俗学とか口承文芸学とか、そうした専門の勉強をしたこともまったくありません。そんなわたしがこのように長く民話をたずねる旅を続けることができたのは、民話を肩ってくださる方のすばらしさと、そして、語られる民話の限りない深さに圧倒されたからです。

山奥のムラで、ろくに学校へもいけなかったという無名の語り手が持っておられる土台文化のみずみずしく、そしてかぎりない豊かさにいつも心うたれてまいりました。そして、こうした土台文化があってこそ、わたしたちの暮らしが支えられているのだということを、多くの方に知ってもらいたいと願いました。

わたしが歩き始めてまもなく、わたしのところへ集まってきた若い人たちが「一緒に歩きたい」と申し出られました。その数が五人ほどになったときに、「みやぎ民話の会」というサークルを設立して、みんなで一緒に歩くようになりました。そして、聞いてきた民話を「資料集」という形で、必ず記録することにしてまいりました。

一〇年、二〇年とたつうちに、手許には厖大な資料集が集まりまして……、手書きの粗末なものですが、現在では五百冊を数えています。その資料集をもとにして、多くの方に素晴しい民話を知っていただきたいと願って、「みやぎ民話の会叢書」という本を自費出版の形ですが、出し始めました。現在までに第一四集まで、冊数にして一六冊を出しています。収めた民話の数は千話をゆうに超えます。なかには、一人で二五〇話余りも語ってくださったすばらしい語り手もおられました。

民話を訪ねて歩く旅のなかで、わたしが一番心打たれるのは、「民話」というものが、そこに「話」としてだけあったのではなく、営々たる「暮らし」と深く結びついていることを教えられたことです。「話」と「暮らし」は切り離せないという実感でした。

ですから、わたしたちの叢書は、単に民話だけを並べて一冊にするのではなくて、一人の語り手の語りと暮らしの記録でありたいと願いました。その結果、一人の語り手から聞いた民話と、その暮らしと人生をも含めた形で一冊をつくるという方法をとりました。

二 「語る」ことは、新しい「自分」を生み出すこと

昨今、あちらでもこちらでも、民話を「語る」という活動が盛んになりました。一つの運動として町づくり、ムラづくりの手段にもなっています。また、子どもへの教育的な見地からも、民話を語ることに光が当たるようになりました。

それは、うれしいことでもありますが、「語る」ことにウエイトが置かれるほどには、「聞く」ことへの関心はほとんどないといってもいいでしょう。「語り」を目指す人たちはふえても、その「語り」を求めて「聞いて」歩き、記録しようとする人はほとんどありません。

そんなこともあって、文字で書かれた「語り」しか知らない人たちのために、語り手から直に民話を聞く機会をつくりたいと願って、みやぎ民話の会では、「みやぎ民話の学校」を開いてきました。わたしたちが、その豊かな語りを聞かせてもらった語り手をお招きして、一晩、二晩と、膝をつき合わせて、その語りを聞き、暮らしの話を聞く……、そんな「学校」です。多いときには一五人もの伝承の語り手に来ていただいて、その語りを堪能したのでした。そして、「自分の語りの方向が見えた」というようなうれしい言葉も、参加者から聞くようにもなりました。

ただ、「学校」の回を重ねることで思いましたのは、わたしたちがお呼びした語りのみなさんのなか

「聞く」「語る」「学ぶ」

で、ある変化が見られたことです。

つまり、「子どものときにこのように聞いた」と言って、一つの話をいつもまったく変形なしでそのまま語ってくださる語り手があるかと思うと、聞く人に合わせて、どんどん語りが違ってくる語り手も出てこられ、あらためて「語る」という営みの姿について考えさせられたことでした。

わたしとしては、子どものときに聞いたままを、聞き手が一人であろうが、百人であろうが、変らず語ってくださる語り手の語りを、うれしく思うのですが、それが、無理な場合も多々生じてきました。

例えば、孫が相手だったら、「ウサギ一羽（いっぱ）、とっ捕まえて」と語るところを、「ウサギ一ぴき、つかまえてきて」となおして、かつてのウサギの数え方を変え、わかりやすくしてしまわれたりします。また、民話にはよく「博打打ち（ばくちぶ）」が出てきますし、これは一定の意味をも持って使われているにもかかわらず、「博打打ちの若者」というところを単に「若者」と言ったり、という具合です。民話が持っていた大事な、一種の「毒っ気」のようなものをなくすることで、多くの人に受け入れられる無難なものにしていく傾向も否めなくなりました。

こうしたことを見聞きしながら、わたしは思いました。語り手のみなさんもまた、「語りの場」の変化のなかで、新しい語り手になろうとしておられるのかもしれない、と。

三　良い語り手は良い聞き手であった

ご存知のように、民話の語りには二つの姿がありました。ひとつは「家の内」の語り、もうひとつは「家の外」の語りです。

ここしばらく採訪に通っている大正一三年生まれの老媼があります。仙台から、車で行けば、四〇分の近きにありますが、船形連峰の麓にあって、現在は無人のムラです。それというのも、この地はアメリカ軍と日本の自衛隊の実弾射撃訓練場に指定されたために、ムラ挙げて集団移転したのでした。かつて、そこに住んでいた老媼にはじめてお会いしたのは、一〇年ほど前になります。

米の穫れないまずしいムラの暮らしでは、「民話」は入り込む余地がなかったのかもしれません。「ばあちゃん。昔話語って」なんて言おうものなら、「何っ、そんな暇はねえ。そんなことを言うなら、貸して（売って）やるぞ」とおどされたといいます。そんな彼女に「民話」をかたってくれたのは、「旅の職人」だったといいます。「外」の人でした。

「閉鎖的なムラ」のなかで成長しながら、その「旅の人」が語る世界は、ふしぎでおもしろく、世界はこのようなものかと、心弾ませる働きをしたといいます。

あたらしい語り手たちは、いわば「旅の語り手」ではないかと思います。その人は家の「内」の祖父母や親兄弟とはちがう「旅の風」を、聞く者に吹き込む存在ではないでしょうか。

その意味で、これから生まれる新しい語り手は、単にかつて聞いた話を踏襲するだけではなくて、「家の外」の語り手の自覚を持つことによって、語り手としての自覚というか、語り手としての自己吟味というか、そんなのが生じていくのではないかと思います。

方言でもいいし、また共通語でもいいし、とにかく、「自分の言葉」を発見してほしいと思います。そして、そのような語りが、「語る自分」との対面の場になるとき、語る人自身の人生を彩り、豊かにし、そして、いいものを周りに残してくれるのではないかと思います。

最後にわたしが願うのは、まだまだ眠っている民話があるという実感です。「聞く」という営みがもっと盛んになってほしいと思います。「聞く」ことによって、ほんとうの「語り」は育つのだと思います。良い語り手は、いつも良い聞き手であったという原点にもどりたいものです。

時間がきましたので、舌足らずなところがありますが、ここでおわらせていただき、不明な点はあとでご質問を受けたいと思います。ありがとうございました。

シンポジウム

民話伝承活動の今日と明日を探る

コーディネーター
石井　正己

パネリスト
野村　敬子

パネリスト
小野　和子

パネリスト
井上　幸弘

パネリスト
渡部　豊子

一　東日本大震災後の語り手のあり方

石井　東日本大震災で被災した、宮城県のやまもと民話の会の庄司アイさんが、「何もなくなったけれども民話があることに気がついた」と話されたことは、とても重い意味を持ちます。やまもと民話の会の皆さんは、困難な避難生活の中で聞き書きを行って記録集三冊をまとめ、やがて『巨大津波』（小学館）という一冊になりました。それはやはり、民話が生きる力になるという証明だったと思います。

野村敬子さんから、新庄から韓国人花嫁の民話が発見された話がありましたが、今回、それを韓国に持って行って報告したわけです。つまり日本国内だけの問題ではなくて、韓国から日本へ花嫁としてやってきた方が日本でこういう新しい文化を創っていると知ってほしかったのです。韓国では国家事業としてたくさんの昔話を集めましたが、それを語り継いでいこうという活動は見られません。韓国の研究者が新庄に来て、日本における韓国昔話の展開を検証することが必要だと思いました。

宮沢賢治という人は未来を見つめた人ですけれども、病気の人があれば行って看病してやり、死にゆく人がいれば怖がらなくていいと言う。だけど、宮沢賢治の「雨ニモマケズ」の詩の一番最後は「ソウイウモノニ　ワタシハナリタイ」というのですから、私はそういう人間だと言っているわけではなく、私はそういう人間になりたいという一つの理想形を述べているのです。我々はなりたいと思ってもなかなかなれないのですが、賢治自身もそうだったのです。賢治は堂々とそうした生き方を私たちの前に示したという点ですごくて、賢治は私たちの前を歩いているという感じを持ちます。そういう発言が東北から力強く発せられて、私たちの心を動かしてきたというのは、改めて考えていいことだろうと思います。

小野和子さんのお話を伺っていてもやはり思うのは、野村純一さんが民話を語ろうとする新しい動きに注意をする必要があると書いていることです。民俗学者は新しい民話の継承に対して、自分たちの研究の邪魔になるとさえ思っていた節があります。でも、これはみんなで共有しなければいけない問題だという深い認識も持たれていたことは重要です。

今、語り手とか、語り部という言葉がごく普通に通用しています。しかし、語り爺さとか、語り婆さとかいう民俗語彙と違って、生活の中にあった言葉ではありません。例えば、野村純一さんが『昔話の語り手』（法政大学出版局）と言ったときに、語り手という言葉は世の中で初めて公認されたわけです。

なぜ語り手という言葉が必要だったかと言えば、それまで語り手を誰も問題にしなかったからです。柳田国男もそうで、昆虫採集のように昔話を集めましたが、その話を語った人間に対する興味はありませんでした。しかし、やはりどういう人間がどういう昔話を語るのかを知らなければいけないというところから、語り手論が生まれてくるわけです。そういう語り手と呼ばれている人々が、もっと自覚的にならなければいけないというのは大賛成です。

そして、よい語り手になる前に、よい聞き手でならなければいけないという提案。私はよい聞き手が孫を育てるとき、五〇年ぶりに昔話を語ったということを知っています。たくさん昔話を耳に蓄えてきたよい聞き手がよい語り手になるということを、やはり改めて考えてみるべきでしょう。研究者はわざわざ東京から語り手を訪ねて、よい聞き手になって昔話を採集してきた。けれども、今はそうではなくて、よい語り手になろうとするならば、まずよい聞き手でなければいけない。三〇回を迎えたみちのく民話まつりは転換期にあると思いますけれども、よい聞き手を育てるかけがえのない機会になると感じます。

二　山形県の活動の現状と課題

石井　ディスカッションの前置きが長くなりましたが、あと二人のパネリスト、井上幸弘さんと渡部豊子さんに、今何を考えているかというご発言をそれぞれお願いしたいと思います。では、井上さん。

井上　皆さんこんにちは。井上です。私は小野さんと野村さんの話を聞いて、とても元気づけられたと言いますか、もっとずっと話を聞いていたいなと思ったほどでした。

　私自身は、振り返りますと、昭和五四年に山形市立図書館に採用されました。同居する爺さん婆さんがいなかったので、昔話を聞いて育ってはいません。ところが、山形市立図書館に勤めるようになって、江口ヨシノという山形市内に住んでいたお婆さんですが、この人の話を何度も聞く機会に恵まれました。とてもめんこいばんちゃんで、いつも眼鏡をかけているんですが、背が曲がっているおばあちゃんが語りをするときに眼鏡を外して、「せんとくの金を語ります」とか言って、しゃんとして語りの世界に入っていくのを聞いて、昔話の世界はおもしろいものだなと思うようになりました。その後方言を使って語るようになって、やはり子どもというのはとにかくお話が好きだし、そういうものを待っているんだなと、つくづく感じるようになりました。

　そして、平成一八年には『やまがた絆語り』を、野村敬子先生と私の編集という形で、一冊の本にすることができました。渡部豊子さんからも参加してもらっていますが、今も語りのテキストとして使ったりしております。また、ひょんなことからNPO法人全日本語りネットワークに関わるようになり、理事長をやらせてもらっています。平成四年に全国の語り活動をやっている人たちが一堂に集まって、お互いの語りの違いを認め合って、語りの文化を大きく広げていくことを目的に作られた団体です。二年に一回語りのまつりをやってきて、新庄でもやりましたし、南陽でもやりました。来年は島根県の松江で一三回目を行いますが、二年に一回ですので、二六年ばかりもこういう活動をやっていて、そこに関わらせてもらっているのはとても光栄だなと思います。

　一方、やまがた民話の会協議会の事務局長をやらせてもらっています。平成一〇年にこの会は始まって、「やまがた語りのつどい」というものをやるようになりました。今回一五回目ですけれども、第一回の語りのつどいは平成一一年ですかね、櫛引町（現鶴岡市）でやりましたけれども、残念ながら私はそこに参加できませんでした。とても賑やかかな、今でも語り草になっているまつりをやりました。全日本語りネットワークとの仕事と重なるようになって、山形県の語りのつどいにときどきしか参加できなくなりました。途中何回か参加したのですが、久しぶりに参加したのが平成二三年に庄内町でやった第一一回の語りのつどいでしたけれども、そのときはまつりそのものはとても賑やかでしたが、総会をやっても参加団体の少なさにちょっとびっくりしました。

平成一五年から私が事務局長をしていますが、イベントそのものには参加しても、協議会に集まって活動していこうとする団体が少なくなってきているということがあります。よく聞いてみると、自分たちの団体を維持するのが精一杯で、協議会に入ってもメリットがないということです、協議会に入っていると、何年かに一回はイベントをしなければいけないから、ということがあるのかもしれません。山形県内ではいろんなところで活動をやっていますが、残念ながら県のまとまりが弱まっているというのがありまして、そこをなんとかしていかないとだめかなというのが大きな問題になっています。

私はききみみの会という会を作って、山形市立図書館をベースにして子どもたちにいろんな語りをする中で、大事だなと思うのは、「何を語るか」だと思うんです。子どもたちには学校に何度も入って語る機会があればいいのですが、なかなかそういう機会がない。年に一回くらいしか呼んでくれなかったり、なかなか授業を潰して一時間使って語らせてもらえるという時間も少なくなっている。一五分の時間で語りをすることが多くなってきた気がします。そういう意味で、本当に子どもたちにどういう話をすればいいのかなということを思っております。山形の話だけではなくて、学年にふさわしいような話、創作の話などもしながら、頭の中で想像していろんなことを考える語りの世界を十分に楽しんでほしい、とも思いながら語っています。

石井先生の話にもありましたように、山形にはたくさんのいい話が残っています。東京にいる語り手の人たちで、山形の話を題材にして、山形弁そのものではなくて自分の言葉ですけれども、山形の話を語っている語り手を何人も知っています。山形にはいろいろな話がありますので、私はこれが山形の話みたいなスタンダードな話を提案していくという活動を、今後していかなければいけないかなと思っているところです。どちらにしても子どもたちは語りを聴くことを楽しみに思っておりますので、一期一会のつもりで入念に準備して語ることが大事なのではないかなと思って活動しています。

石井　山形県内の現状、特にそれぞれの会の活動は活発だけれども、県としてのまとまりが難しくなってきているのではないかということと、子どもたちが忙しくなっていて、なかなか学校の中でも語り聞く場が作れなくなってきているということがわかりました。

三 「語り聞くの好きな人集まれ」と呼びかける

石井 では、そうしたことを踏まえて、こういう話を伝えていくことはとても重要で、それをどういうふうにやっていくかと考えて、さまざまな例があることをお聞きしたいわけですけれども、一つの実践がこの新庄市の渡部さんのところで行われています。渡部さん、お願いします。

渡部 新庄民話の会の渡部豊子です。こういうところで話したことがないものですから、まとまった話なんかできませんけれども、よろしくお願いします。

小さいころから昔話を聞いたのは、私も同じで、何歳から聞いたかわからないくらい小さいときから、祖母から話を聞いてきました。六〇歳を過ぎたころ、実家の池で大根を洗っていたら、隣のばんちゃんが出てきて、「あら、とこちゃん。今日休みが」って聞くもんだから、「仕事とっくに終わったんだげわ（退職したよ）」って言ったら、「ほー。お前、昔語りしったたってが、昔語りしてるって？」「んだなよ（そうだよ）」「お前、ちゃっこいどぎ、おもしぇんぼごだったじゅ（あなたは小さいとき、おもしろい子どもだったわね）」って。

ばんちゃんやじんちゃんから昔話を聞くと、向かいの家に走っていって、「昔語って聴かせる」って行くんだそうです。そして、「あらー、じょんだごと（上手なこと）」と言うと、得意げな顔して家に帰って行ったというのよ。家で昔語りを聴くとまた走って来る。隣の人たちは「来た来た来た。また来た」って言っていたそうです。そのことは全然覚えありません。

私の孫も私が語りのときは必ずついてくるのです。昔話が好きで、赤ん坊のうちから泊まれば必ず語って聞かせてきました。孫は「聞くのは好きだけれども、語るのは嫌だ」と言います。でも聞くのが大好きな子どもだし、私も将来人前で語ると思って祖母から聞いたわけではないので、いつかは孫も思い出して語るのではないかと思っています。

現在、市内の学校になかなか入っていけないというのが新庄民話の会の悩みです。市外の学校には語りに行ったり、希望があれば語りの指導をしたりしていますが、中心部の大きな学校はカリキュラムがばっちり決められていて、そこに昔話が入る余地はないと言われますが、できれば、最低一カ月に一回くらい入りたいのです。そうでないと、子どもたちが新庄の昔話や方言が分からなくなってしまいます。言葉や、中身を吟味して、子どもたちによりよい話をしたいと思っています。

もう一つは、会員の減少です。今はちょうどいい会員数のような気はしますが、これから三年後、五年後、どうしていくかということを考えています。二〇代、三〇代は、読み聞かせを聞いて育ち、昔話にあまり興味がなく、学校の先生も昔話を聞いて育ってないから、昔話を重要視しない。四〇代、五〇代の興味持っている人に声をかけると、入りたいけれども、会社が……ということです。会の例会も平日ですし、働いていればこういうイベントにも参加できない。では、誰を募集会員にするかということになります。やはり、仕事を退職された人かなと思うのです。今度募集するときにいいことを考えました。「会員募集」ではなく、「語り聞くの好きな人集まれ」という形で集め、何度か聞いてもらううちに、会に入ってもらうことはできないかと考えています。

石井　かつて隠居したおじいさんやおばあさんが子育て役をするときに、昔話は重要な意味を持っていました。私たちの世代くらいまでは、三世代同居で、おじいさんおばあさんに育てられて、その膝の上で成長したという人がたくさんいます。ところが、核家族の場合、親が直接子どもを育てなければいけませんが、両親は働きに行っていて忙しい。それは東京のみならず、地方でも一般化してきていて、人口減でありながら世帯数が増えています。そのようにして家族が変わっていく中で、大事な昔話をどのように伝えたらいいのかという仕掛けも、時代と向き合わなければいけないことになります。

そのときに、学校という教育の場があるわけですけれども、学校は非常に忙しい。少し前まではゆとり教育と言っていたわけですけれども、国際的に見て学力が低下しているという危機感が生まれると、もっとしっかりやらせないといけないということで、ゆとり教育は否定されます。振り子が振れるようにして、また子どもたちにいろいろなことを詰め込んでいきます。

その際に学習指導要領が変わって、「伝統的な言語文化」ということへの見直しが始まりました。国としても危機感を持っているらしく、子どもたちが昔話、野村さんがおっしゃったような神話を知らないのは大変だと感じたようです。神話を知らない理由というのははっきりしていて、戦争中までの国定教科書の中にはたくさん『古事記』や『日本書紀』の神話が出てきましたが、皇民化教育に使われたということで、戦後、神話は教育の中から排除されました。そうすると、「いなばの白うさぎ」を知らないという世代が戦後の教育の中で増えてきた。三年くらい前から教科書が変わって、一、二年生の教材に「いなばの白うさぎ」が入っています。ですから、これからの子どもたちには、「いなばの白うさぎ」が一般的な教養になっていきます。でも先生方は、自分たちが習ったことのない「いなばの白うさぎ」をどのように教えたらよいか非常に困っています。

今、定年退職後という話が出ましたが、なかなか働き盛りの人たちは忙しくて、難しい。それはかつてもそうだったはずで、おじいさんおばあさんになったときに昔話の世界に復帰したのです。そのとき、幼いときに昔話を聞いた経験があるかどうかということが大切でしょう。ですから、新庄で子どもたちが昔話を聞いているということの意味はとても大きく、実は五〇年先を創る壮大なプロジェクトと言ってもいいのです。心配なのは、成長した子どもたちが大学進学の際に地元を離れてしまい、やがて就職で地元に戻る子もいれば、仙台や東京で就職する子もいる。その中で、これをどのように伝えていくのかも考えなければなりません。

例えば、東京に新庄支部を作ればいいとか、あるいはもっと大胆な作戦に出てみる必要があるかもしれません。東京にはたくさんの県人会がありますが、県人会の人たちはこういった昔話に飢えています。ふるさとの言葉を聞いて最も感動するのは、ふるさとを離れて東京に出てきている県人会の人たちです。この昔話の交流が県内だけでなく、東京までも巻き込んで活動が行われていくような、ダイナミックな展開が必要な時期に来ているのではないかと思います。

四　「読み語り」と「東北記録映画三部作」

石井　もう少し壇上でお話ししてから、後半はフロアの皆さまのご質問やご意見を伺いたいと思います。もう一度野村さんから順番に、補足すべきことや感想を持たれたことを加えてください。

野村　今までの概念を大きく崩して、根本から民話という文芸を考えてみたい。一つ実践的なことを申し上げてみたいと思います。口承文芸学会の例会を担当したとき、八重山、日本の一番南西ですか、黒島、竹富島、石垣島のあたりの方が東京に出てこられて、ふるさとの言葉で語ったり歌ったり踊ったりして、実に見事でした。この例会は、都市語りの可能性という題で満員でした。大島建彦先生という重鎮が、「この楽しさはなんでしょう」と言ってくださった。これから考える学問として、今、石井先生がおっしゃったのは非常に大きなことで、新庄の方と東京で都市語りの可能性を考えたい。もう実践している山形の方もちらほらいらっしゃいます。

もう一つは、これも実践の体験ですが、私が住んでいる江戸川区には学校の教科として「読書科」があります。そこで私は、そこに読み語り絵本というものを持って行きます。皆に本を持たせ、語りを行います。「読み語り」という概念は文科省になかったようですが、読み語りをすると子どもは喜びますよ。近くの小学校に行って、韓国絵本を読み語りました。この間は韓国語で読んでも、聞いている子どもたちはちゃんと理解してくれる。国際化時代の子どもですから。その学校には韓国の子どももいました。そういう読み語りという可能性があります。現状を嘆いてばかりはいられません。子どもに近づけていかなければいけない。研究公今はよく、親御さんも子どもと一緒に来ます。開授業がありますが、一人の子どもに両親と祖母の三人が付いてきます。そういうところで、私は結構満足して研究公開授業をしました。ですから、一つの方法として学校に試みる楽しさもあります。

昔話は本来、「個の語り」と「群れの語り」の両方があるのだと思います。近代はそれらの相乗的な効果として、子どもの成長だけでなく、お年寄りにも個のレベルで接しなければいけない。そして群れとして私たち皆がタイアップして、日本の文化の構造を大きく変えるうねりを作る。それら両方を考えるというのがいいのではないかと思っています。魅力のあるものには寄ってきますよ。

小野　震災を機に、「東北記録映画三部作」が生まれました。一本目は『なみのおと』、二本目は『なみのこえ』、三本目が『うたうひと』。東京芸術大学から派遣された若い映画監督二人が震災を撮りに来られました。彼らはがれきの山や流された家や悲しんでいる人々の姿を映像で撮る。それも大事なことであったでしょう。しかし、「撮りながら、非常に無力感を感じた」と言うんです。「この場面を撮って残すことよりは、かつてここで生きていて、今震災に遭い、そしてこれからも生きていく人の言葉をこそ残すべきだ」と言うので、被災者の言葉によって綴られた被災の映画を作り、三本目に、彼らは「『うたうひと』と題して民話を撮りたい」という申し入れをしてきました。

それというのも、「みやぎ民話の学校」を二〇一一年の夏に開く予定で、案内を出そうかというときに震災が起きました。今年は無理かもしれないと思い悩んでいたときに、その学校に来てもらうべく用意していた語り手の皆さん、震災に遭われた伝承の語り手の皆さんが、先ほど石井先生も言われましたが、「形あるものはみんな失くしたけれども、気が付いたら胸に民話があった。これを語っていければ命綱になる」、こういう貴い言葉を聞かせてくださった。それで私は「民話の学校」を開こうと思い、「被災した民話の語り手が語るあの日」という主題で、被災地のど真ん中の南三陸町でその年の八月に民話の学校を開いて、民話の語り手に語っていただきました。参加した人が驚いていたのですが、「語りという営みをずっと続けてきた人は、こんな恐ろしい目に遭っても、その体験を語るときに民話のように語るのか」、こういう感想が聞かれました。

例えば、一人の方は、新地町というところで家も畑もお墓も全部流されました。大正一三年生まれの小野トメヨさんというおばあさんでしたが、この方は被災されて、避難所に一時おられましたが、心配した東京の息子さんが東京に連れて行った。東京にいて、家がどうなったか電話で近所の方に聞くと、「何もありましぇーん」と言われたそうです。「そんなことないでしょう。柿の木や石垣があったでしょう」と言うと、また「何もありましぇーん」と言われる。何を聞いても、「何もありましぇーん」と言われると、「何もありましぇん」という言葉がまるで民話のフレーズのように聞こえてきて、聞いているほうは泣きながら笑ってしまう。ものを語るという力が、震災のようなものに遭遇したときにこんな力を人に与えるのかと、私はそのとき本当に驚きました。

そのときの「民話の学校」の開催を仙台市のメディアテークが興味を持ってくれて、先にも述べました二人の監督に「民話の学校」を撮るように頼んでくれたのです。彼らは民話など何も知らない人でしたが、撮影しながら民話にいたく惹かれていったと言いました。三〇代後半の若い監督でした。それで被災者の言葉を語る映画の最後に、「先祖が営々と耳で伝えてきた民話の姿を三本目に置きたい」と言うので、『うたうひと』という映画には被災のことは何も出てきません。出てくるのは民話を語る人とそれを聞く人の姿で、語る人が順次語っていくというよりは、聞き手がこの話を聞き出しながら一緒に物語空間を作っていくという、非常に不思議な映画ができました。

この映画は実は外国で非常に評判が高い。ヨーロッパやアメリカ、インドネシアやインドなどでも上映しました。どういう反応だったか尋ねると、「日本ではまだこういう普通の人たちが民話を語っているのか」と、ドイツ人が驚いていたそうです。「観光的にプロフェッショナルに語る語り手とか、そういう形での語りはあちこちで見られるけれども、普通の農家のおかみさんやおじいさんがこうやって語っているのか」と言ったそうです。こういう日本の語りの姿というのは世界遺産になるのかもしれない、とちょっと思ったくらいでした。そんな誇りを持って私たちは語る運動を進めていっていいんだなということを、この映画から教えられました。

五　現代社会における民話や方言の価値

井上　語ることが生きる力になっているということが話になりましたが、実は私自身の「ききみみの会」では、二年に一回、二泊三日で、山形県朝日町でブナの森のお話交流会というものをやっています。東松島市で被災された方が東京に避難して、そこで体調を崩されましたが、ブナの森のお話交流会に参加されました。初日はいかにもお疲れ気味という様子でしたが、自らお話を語ったり、他の人のお話を聞いたりして、帰る三日目には、まったく別人のように見えました。生き生きとしたその姿を見て、語りは生きる力になると強く感じました。

また、多くの語りの会で子どもたちが語るという機会がありますが、私は、必ずしも子どもたちが覚えて語るということを強制しなくても、大人がたくさんのお話を語って聞かせることで、何か子どもの心の奥に染み渡るような語りになればいいのではないかと思います。

渡部　会では難しいことは特別に何もしていませんが、依頼されたところに行ったり。被災者を迎えて話を聞くなんてこともしませんけども、学校に行って子どもたちに語るだけです。「言葉がわからない。方言がわからない」ということをときどき耳にしますけれども、言葉も文化ですから方言も大切だと思います。

高校生が就職面接で、「何か特技はないか」と聞かれて、「昔語り」と答えたところ、「じゃあ語ってみてください」と言われたそうです。そこで、「天狗の話」を語って聞かせたところ、大拍手をもらって合格したそうです。私はそれを聞いて大喜びしたところですけれども、やっぱり昔話はいいものですね。言葉も変えないで伝えていかなければいけないのかなと思います。

石井　今、大学はちょうど秋の入試の時期です。推薦入試やＡＯ入試で、スポーツや芸術など一芸に秀でている学生を求めるというアピールはありますけれども、その中で昔話が語れるというのは当然一芸であって、言語芸術としての昔話を披露すれば、私でもその子を大学に入れてあげたいと思いますね。

かつて秋田市で行われた昔話のシンポジウムで、センター試験の中に英語のリスニング試験がありますけれども、秋田大学で本気で地域づくりをやるならば、英語ばかりでなく、秋田弁のリスニング試験をしたらいいのではないかと話したことがあります。そうすれば秋田弁を勉強するようになるというのも、実は変な話ですけれども、私は大真面目にそう思っているわけです。そういう仕掛けを作ってでも、本当に大切なものを伝えていく必要があると思います。昔話は日常的であるために、かえってその価値を発見するのが難しいのですが、今は非日常的になっていますから、そうした光を当てなければなりません。

野村さんから都市の語りの問題がありましたが、渋谷、江戸川、そして、一番新しい栃木の本として『間中一代さんの栃木語り』（瑞木書房）が出ました。お題目で都市の語りを言うのではなくて、都市の語りはどうあるべきかと、そこまで踏み込んで書いてありますので、ぜひ読んでいただきたいと思います。

そして、三部作の映画が海外で評価されている。韓国の話もしましたけれども、昔話をこうして伝えて大事にしているということは、実は海外から見たら、「そんなことがあるんだ」と驚きます。我々が悩んでいることは、外国の人々にとっては、そうしたことに悩む前提さえないのだと思います。ストーリーテリングのような新しい運動ではなく、伝統を未来につなごうとする試みは、もっと海外に発信されてよいと思います。

野村　今度人工衛星がドッキングして地上と宇宙から交信しましたけれども、あのときに日本語で会話しましたよね。「成功しておめでとう」「ああよかった」と、日本中がその言葉を聞いて安心した。やっぱり言葉の力で、日本語で、英語ではありませんでしたよね。英語の社会でいくらロケットが好きでも、英語ができないとロケットには乗れない。だから日本語で、あの方たちはここで言うと、「どっかとした」「あぁいがったなぁ」というのを日本語で会話して、それを日本人が共有しました。そんなことがあるから、私は将来に向かって決して悲観してはならないと思います。むしろ拡大した私たち語り手のメッセージを大いに発表しながら進めばいいですね。

囲炉裏がなくなりましたが、さっきご紹介いただいた私の連れ合い（野村純一）は、囲炉裏端に大きな意義を見出して昔話論を作りましたけれども、今、囲炉裏は観光施設に行かないとありません。私は人間と人間の発見というのが原点にあると思います。都会にも大きな可能性を感じます。ちなみにロケットに「かぐや」「りゅうぐう」など命名して最も先鋭的な科学文化が言葉と民話の力を借りているじゃないですか、そういうことを大切にしたいと思います。

六　昔話の文化財化と残酷性の問題

石井　では、後半はフロアからご質問やご意見をいただいて議論を深めたいと思いますがいかがでしょう。では、前の女性の方。

質問者　東京の聴き耳の会から参りました荻原と申し

ます。野村敬子先生が日本語の力ということをおっしゃってくださいましたが、今日は渡部豊子さんの声を聞いて、なんて美しいんだろうと思いました。このような美しい声の響きというのが無形の文化財として残らないだろうかと、そのへんのところをお伺いしたいと思います。

石井　無形の文化財ということの問題では、先ほど世界遺産ということが出てきました。日本ではこの昔話を文化財にするということについて、非常に否定的でした。郷土芸能には保存会のような団体があって、それを文化財に指定していきます。それは市町村レベルから県や国のレベルまであります。けれども、昔話はある個人が伝えていて、それがどのように未来に受け継がれるのかはっきりしない。従って、文化財として昔話は指定しにくいのです。一つだけそれを実現した場所があって、鳥取県の佐治村では、一九七〇年代のはじめにさじ民話会を指定して、佐治谷話を文化財にしました。今でも鳥取市の文化財になっています。

佐治谷話というのは東北ではわかりにくいのですが、愚か村話です。「蟹の褌」ですと、佐治のだらず(愚か者)が「蟹は褌を外して食べるものだ」と言われて、自分の褌を外しながら食べて笑われ、蟹を食べる作法も知らないという話です。それが実話として言われて、佐治の人々が鳥取の町へ出ていくと、「佐治の阿呆か」と言われたそうです。ですから、佐治の年配の方々は自分たちが笑われた話で村おこしをすることに、非常に否定的でした。

そういう狭間の中で文化財に指定したということは大変なことでしたけれども、なかなか昔話の指定は難しいところがあります。郷土芸能や年中行事が世界無形遺産の中に入ってきていますが、口承文芸では叙事詩や民謡が入るばかりです。世界的に見ても、昔話は希少価値が認められていないのかもしれません。もう少しきちっとした文化的な位置づけをする必要は、研究者の側にも行政の側にもあると思います。

他に、先ほど手を挙げてくださった方。

質問者　尾花沢の昔を語る会いろりの松本です。石井先生から、「ごめんなさいでは済まないものがあるだろう」という話がありました。私たちはときどき小学校へ昔話を語りに行くのですが、学校の先生から「リアルすぎる」とか、「残酷すぎる」とか注文されたわけです。ですから、そのへんをどうしたらいいものか、現代に置き換えて、ごめんなさいで済ませるのか、悩みます。例えば、屋根の上から臼が落ちてきて猿を潰しますが、これは潰さないで、「皆悪いことしないで、仲良くしましょうね」という終わり方をしていいのかなと、そのへんが少し引っかかったものですから、お聞きしたいと思います。

石井　小野さんいかがですか、昔話の残酷性という問題は。

小野　仙台でも一つの昔話をめぐって共に考える場を設けていまして、例えば、「猿蟹合戦」を取り上げて、様々な猿蟹を考えたり、映像で見たり、語りを聞いたりしました。どうしても猿を殺すのは抵抗があるというご意見と、仲直りさせた方がいいというご意見が最後まで残りました。そのとき思いましたが、あの話を見ていくと、食べ物を独り占めして、蟹の親を殺すというような、猿が殺される運命に至るまでの道筋が丁寧にあるわけですね。その必然性の中で殺されるべくして殺されたということを、それとなく子どもに言ってもいいのではないかなと思います。無理して仲直りさせてみたりしないで、この話はこうやって猿が死んでいくことを了解し、大人がこれでいいのよという感じで子どもに伝えてもいいのではないかと思います。

石井　昔話というのは虚構の世界ですが、あまり現実に引き寄せすぎると、虚構の持つ力を半減させてしまうところがあると思います。ガードを固くして、そういうのはいけないと事前に守りに入って、やさしさを推奨しても、実際に起こってくる社会問題はもっと残酷です。私たちはたてまえで語る道徳観と、時に現実に起こってしまう残酷性との間を埋めることができなくなっています。例えば、こんなことをしたら死んでしまうという想像力が、今の子どもにはなさすぎる。そして暴力だけではなくて、言葉の力で人を殺してしまえるという自覚もなさすぎる。教育でそういった言葉狩りをした結果、抵抗力のない子どもを作ってしまったような感じがします。私は、「そういうのは虚構の世界なんですよ。だけれどもとても大事なんですよ」ということを強く訴えていってもいいと思います。「カチカチ山」を聞かせたから、子どもが暴力的になるなんてことは絶対にありません。武士の中では敵討ちは美徳だったわけですけれども、近代社会では親の敵や主君の敵はなくなりました。でも、例えば子どもを殺されたとしても、敵討ちは認めず、法で裁かれなければいけなくなっています。ですから、赤穂浪士の討ち入りなどの世界がだんだん日本人にはわかりにくくなっていると思います。けれども、ドラマの中で生き生きと語られるように、人間の中にはやられたらやり返したいという感情があることはやはり否定できません。人間の感情を大事にしていかないと、かえって殺伐とした社会を作っていくような気がします。

もう一人手を挙げてくださっていた方。

七　山形県各地の「鶴女房」を語り継ぎたい

質問者　松山昔話の会の遠藤です。昨日「夕鶴」の話が出ました。六十数年ぶりにこの「夕鶴」を思い出しました。この辺で語られている「鶴女房」と「夕鶴」とを混同します。どちらを語ったほうがいいのか悩んでいます。

石井　昨日、木下順二の問題を取り上げて、戦後「鶴の恩返し」が大事な昔話として価値を与えられたとお話ししました。例えば、南陽市の夕鶴の里には、鶴布山金蔵寺の伝説化した「鶴女房」があり、そして山形県内にそれぞれ地域に「鶴女房」が伝わると思います。それぞれの土地に伝わっている「鶴女房」を大事にしていただくのがいいでしょう。大事に伝えるべきは金蔵寺の伝説であり、『新庄のむかしばなし』(新庄市教育委員会)に載る「鶴の恩返す」です。自信を持って語ってくださって構わないと思います。でも、一方では、伝統的な「鶴女房」では物足りず、新しい命を吹き込まなければいけないと考えて戯曲化したのが木下順二ですから、それはそれとして認めてもいいでしょう。それにしてもこうして戦後七〇年が経ってみると、「夕鶴」よりも口承の「鶴女房」の方が遥かに力強いことに気がつきますね。

質問者　新庄の町ぐるみの、行政と民話の会とが一つになって力を合わせて催しを続けて三〇年になるということに感動しています。遠野とも違う新庄ならではの体制ができていると思います。始めた頃の経過や、どんな思いで始められたのでしょうか、それを教えてください。

石井　これについては、フロアにいらっしゃる佐藤会長にお願いしましょう。

佐藤榮一　私たちが民話の会を立ち上げたのは昭和六一年でした。会を立ち上げるにあたって契機になったのは、我々の会の名誉会長の大友義助先生がまだ高校教師をしていたころ、テープレコーダーを担いで市内の語り部二十数名から聞いた民話で『新庄のむかしばなし』という本ができました。それが昭和四六年でした。そのあと市では民話を貴重な地域の無形文化遺産であると位置付けて、教育行政の中でも文化財保護に力を入れてきました。特に民話については昭和六一年に私が社会教育課の課長をしていたときに、民話の会を作ろうという動きがあり、また、新庄ふるさと歴史センターに語りの部屋を作り、そこで民話を上演するようになりました。民話の会ができてからは、そこで毎週日曜日に昔語りを行っています。そんなことで、新庄の昔話は文字だけではなく、口から耳へ伝えていくことを途絶えさせてはだめだと考えて、新庄民話の会を作りました。
当時は「遠野に追いつけ、遠野を追い越せ」というて大きなスローガンを掲げて、市と民話の会との協働事業で「みちのく民話まつり」を立ち上げたという経過です。市の支援がなければ、ここまで続かなかったと思います。また、教育委員会でも子どもたちに民話伝承をするということを大事にして、学校教育の中でも一生懸命続けています。山形県もふるさとの貴重な文化遺産を次世代に伝えたいということで、「ふるさと塾」という事業を各市町村で行っています。新庄では毎年その交付金をいただき、子どもたちに民話を伝える事業を一〇年続けています。行政や学校の理解があってここまで民話の会、「みちのく民話まつり」が続いてきました。

石井　佐藤会長のお話で、「みちのく民話まつり」の経緯を確認することができました。議論は尽きないのですが、もう時間になりましたので、今日はここまでにしたいと思います。この民話まつりをさらに四〇年、五〇年と継続して、次の世代に手渡したいと思います。そのためには、新庄のみなさまはもちろん、県内外の方々のいっそうのお力添えが必要です。私もその一人に加わりたいと思います。本日はまことにありがとうございました（拍手）。

（二〇一五年一〇月一八日、新庄市市民プラザ）

語ってみよう昔話

新庄に語り継がれる民話

稲株むがす

渡部　豊子

むがーす、むがす　あったけど。

むがす、新庄の殿様のご領内さ、めんごげだ（きれいな感じの）娘のもった、爺さまど、婆さまえだけど。娘、年頃になったもんださげ、

「婿、取らねんねはなあ。どごがさ、ええ婿、えねべがなあ。」

て、いっつも言ってだけど。

あっとぎ、爺さま、

「お天気も良えす、そろそろ田打つ　すねんねわなあ、婆んば。」

て、言って、三本鍬（刃が三本になっている田起こし用の鍬）持って、田打つ行ったけど。

爺さま、ねじり鉢巻して、すったげ（唾）油つけつけ、一生懸命、田打つすったでば、パカ、パカ、パカど、馬の足音して来たけど。

爺さまぁ、腰伸して見るかじゅしたでば（見ようとしたら）、パタッと、足音止まって、

「爺、爺。こごの田んぼ、お前のが。」

て、言っけど。爺さま、動転して見だでば、立派だ馬さ乗った殿様ど、家来達だけど。

爺さまぁ、土さ額擦りづげで、

「はえ、んだごです（そうです）。」

て、言ったけど。ほうすっと、殿様ぁ、

「ほおう。」

て、見ったきゃ、

「ところで爺、この広さで、なんぼ（どの）くらいの反べつあるもんだ。」

「こごぁ、三反五畝ていうどごで、ござりやす。」

「ほおう、そうが。とごろで、そのヒョコヒョコていうものは、なんていうものだ。」

「これおすか。こりゃ、稲刈った後の稲株じゅもんです。」

「それじゃ、その稲株、三反五畝の中さ、なんぼ株あるもんだ。」

「ほれーだば、数えだごど無えさげ、分がりやへんなおす。」

「その年まで百姓してえで、分がんねてが。んだら、俺、これがら鷹狩り行ぐなださげ、その帰り、まだ寄っさげ、それまで数えでおげ。」

て、言うど、パカ、パカ、パカど、行ってすまたけどわ。

ほうすっと、爺さまぁ、困ってすまて、殿様に向がって、「嫌んだ」て、言えば、首切られっかも知んねす、んだがすて（かと言って）、この広い　ともで（田）の稲株数えるごどなの、とても出来るわげねえ。ほんでも、爺さまぁ、

「なんじぇも　すやねえ（どうしようもない）、数ゅす（数える）が。」

て、

「一、二、三、四、五、六、七……。一、二、三、四、五、六、七……。一、二、三、四、……。」

て、一生懸命、数ゅしたども、数ゅすたで　なんねけど。数ゅすたでも何も、五千も六千も数ゅしてるうず（うち）、頭、ボワァッとなって、なんぼまで数ゅしたが分がんねぐなってはぁ、もんめぇ（目眩）してきて、気持づ悪ぐなって、ぶっ倒れっとごだったど。

　んだもんださげ、爺さま、青ーぐなって家さ帰って来たけど。婆さま、

「なにすたどごや、爺さま。青い顔して。腹でも痛なんねべ。」

「腹痛どごの騒ぎでねぇ、婆んばや。これこれこういうわげで、俺の首、飛ぶがも知んねはぁ。」

て、言ったけど。ほの婆さまじゅもの、なんと、頭の良え、利口な女ごだったじゅもの。ほしたでば、婆さま、

「なんだ。ほんたごんで（そんなことで）青ぐなってだなが。ほげたもの心配すっこど無ぇ。俺言うとおりしてみろ。」

て、言ったけど。ほすっと、爺さまぁ、

「婆んばや、ほんでゃ（それじゃ）どうすっと　良えなや。」

「あのな、殿様帰って来るど、必ず、『爺、なんぼあった』て、聞ぐべさげ、聞がれる前に、『殿様。お城がら鷹狩りする所まで、馬の足跡、なんぼつけっと行ぐもんですや』て、聞げ。ほうすっと、『そんなごど、分がるわげ無ぇ』て、言うべさげ、『ほんげ、馬に乗ってで、分がんねな　おすか』て、言え。ほうすっと、殿様ごしゃえで（怒って）、『誰がら聞いだ』て、言うべさげ、そのどぎ、『おら家の婆んばだ』て、そう言え。」

て、教えだけど。ほれ聞いだ爺さま、どっかど（安心）して、まだ、田んぼさ行ったど。

　ほうすっと、馬の足音、パカ、パカ、パカど、して来たじょお。

爺さまぁ、馬の足、止まっか止まんねが、殿様で聞がれるより先、

「殿様、殿様。お城がら鷹狩りする所まで、馬の足跡、なんぼつけるど着くもんです。」

て、聞いだど。ほうすっと、殿様、

「爺、なに馬鹿なごど聞ぐ。そんなこと分がるわげねぇ。」

「ほんげ（そんなに）馬さ乗ってで、分がんね　ごですかや。」

て、言ったでば、真っ赤になって　ごしゃえで、

「誰、そういうごど言った。」

「おら家の婆んばだ。」

「その婆さま、許さん。俺どご、婆さまさ　連であべ。」

て、言うけど。ほうすっと、爺さま、我ぁ家さ連れで来たど。

殿様、我ぁ先入って行ったでば、ほれーごそ　めんごげだ娘、縫い物すったけど。殿様、婆さまのごどなの、すたっと忘れではぁ、娘ばーり見でるなだけど。ほして、

「婆さま。良え娘持ってだなあ。名前、何ていう。」

「娘おすか。おら家の娘、『盗人』ていうなおす。」

「なに馬鹿なごど言う。盗人なんていう名前、んねべ（ないだろう）。」

「んね、んね。ほんて盗人ていうなです。」

「なして、そういう名前つけだ。」

「なして、つけだて言ったって、おら家の娘、婿取りで、毎日、『婿取んねんね、婿取んねんね』て、他人の息子ば

取るなださげ、盗人て言うなおす。ずほ（嘘）だが、本当だが、殿様や、呼ばってみらっせ。」

て、言うけど。ほうすっと、殿様ぁ、〈おかしいなあ〉ど、思ったども、

「盗人。」

て、呼ばてみだど。ほすたでば、娘ぁ、

「はえ。」

て、鈴震わすようだ声で返事したけど。ほうすっと、殿様、

「婆さま。この娘、俺がもらいたい。」

「けらんね（差し上げられない）、けらんねぇ。今、言ったとおり、この娘に婿取って暮らして行ぐなだもの。俺ど爺さま、どうするや。」

「んだら、お前たちも一緒にもらう。それならどうだ。」

ほうすっと、婆さまぁ、

「めごい（かわいい）、盗人や。お前、殿様にもらわれで行ぐがや。」

て、言ったでば、

「じんちゃんも、ばんちゃんも一緒だば、行ぐ。」

て、言うけど。

ほうして、娘ど一緒に、爺さまど婆さまも、お城さ貰われで、幸せに暮らしたけど。

どんべ　すかんこ　ねっけど。


（渡部豊子の語り、『昔話と村の暮らし（山形県最上郡旧萩野村）』より）

見るなの座敷

小山　貞子

むがーす、あったけど。

塩野という野原さ、まずまず騙すごどの上手だきづね　えだけど。

あっとぎ、庄屋の久兵衛、正月魚買いに、新庄の町さ塩野の道、歩いで行ったけど。

途中、一本杉の大清水ん所さ行ったでば、めんこい（きれいな）娘コ、杉の陰がらひょっこり面コだして、

「久兵衛さん、久兵衛さん。何処さ行ぐなやぁ。」

て、聞ぐなぁけど。

「正月魚買い、新庄さ行ぐなだ。」

って、言うど、

「んだら、おれ家で病気で寝でる爺つぁ居ださげ、おれ家さも、赤げ魚コの塩びぎ（塩鮭）買って来てけんねがぁ
（買って来てもらえないでしょうか）。」

て、頼むなぁけど。久兵衛、

「んだが　んだが。買って来る、買って来る。」

って、約束して新庄さ行ったけど。

ほして、大けぇ塩びぎ一匹、余計買って帰って来たけど。

　ほしたら、途中で娘コ、待ってだけど。

「ほら娘コ、約束した魚　買って来たぜ。早ぐ病気の爺つぁさ持って行って食へろ。」

って、言ったけど。

「久兵衛さん、久兵衛さん。実は　おれまだ塩野に住んでいるスルガっていうきづねだ。今日まだ、だんな様のお蔭で、病気の爺つぁさ　赤げ魚食へるごどでぎる。本当ありがでがった。どうが、今晩おれ家さ歩でけろ（おいでください）。」

て、言うけど。

「だめだ、だめだ。」

て、言ったげんと（けれど）、あんまり愛想するもんださげ（誘うものだから）、厄介なるごどしたけど。

　次の日、

「久兵衛さん、昨日は愛想無ぇくて申し訳ねえがった。おれ家さ、五つの蔵あっさげ、昨日のお礼に、ほの蔵、見で行ってくだせ。ほんでも（それでも）、五番目の蔵だげは絶対見ねでくだせ。約束してくだせよ。」

て、言って出で行ったけど。

　ほんで、久兵衛、その蔵、見せでもらうごどしたけど。

　さあ、一番目の蔵の前に行って、その扉、開げだど。そしたら、その蔵、パアーッと明るぐなったがど思うど、中には、桜や梅、桃、春の花がいっぱい咲いで、うぐいすや鳥コが鳴いで、春のつまった蔵だけど。

　動転した久兵衛、二番目の蔵、開げでみだでば、その中には、藤の花や、かっこ花（あつもりそう）、空には、ぽっとさけた（ほととぎす）が「ぽっとさけたー。ぽっとさけたー」と、鳴いでる、夏のつまった蔵だけど。

三番目の蔵開げで見だでば、秋の七草、黄色い菊、白い菊、山には紅葉(もみづ)が金色に輝いでいる、ほれはほれは美しい秋の蔵だけど。

ほして、四番目の蔵、開げで見だでば、真っ白な雪が一面に積もった塩野原の雪景色、冬の蔵だけど。久兵衛、夢でも見でるような気分だけど。

ほして、五番目の蔵の前さ立ったど。「この蔵だけは、絶対開げんなよ」て、言われだげんど、人どいうものは、見んなど言われっと、余計見でぐなるもので、〈なぁに、少しぐれ良(え)えべ。誰も居無(えね)す、分がんね、分がんね〉ど、思って、蔵の扉ば、そぉーっと開げで見だけど。

そうしたでば、中はガラーンとして、何にも無(ね)え、真ん中さ手鏡(てかがみ)ひとつ、ポツンと、あんなだけど。

夏・新庄まつり

「何(なえ)だや、こんた(こんな)蔵が。」

て、久兵衛、知らねふりして扉閉(た)でだけど。

そごさ、きづね帰って来て、久兵衛の顔見で、

「久兵衛さん、久兵衛さん。あれほど見んなて約束した蔵、見だんねが。」

「いやいや、見ね見ね。」

て、ひのど突(つ)った(我(が)を通した)げんど、

「んね(ちがう)。見だ見だ。んだら(だったら)見だっていう証拠、見(め)しぇでやる。」

て、言って、その蔵がら鏡ば持って来て、久兵衛さ

見しぇだど。ほしたら、久兵衛、すっかりきづねに変わっていだけど。ほの姿見で腰ぬがすほど動転してすまたど。
久兵衛、きづねになってすまたす、家さも帰らんね、諦めでスルガのきづねど一緒に暮らすごどしたけどわ。
〈三年も経ったがなあ〉ど思う頃、フッと家のごど思い出して、こっそり抜け出して、塩野原ば、わらわらど行ってみだど。

ほして、久兵衛、我の家、木の陰がらこっそり見でいだけど。今度、裏の方さそーっと回って、流し（台所）の挾間、開げで見だでば、中で下女（女中）のおタケ、水仕事すったけど。おタケ、ヒョイと、上見だでば、挾間がら旦那さん覗込んでるもんだがら、

「おっかさん、おっかさん。旦那さん、居だー。」

て、呼ばったど。ほすっと、おっかさん、旦那さんば見つけで、

「なえーだて旦那さん、なして（どうして）ほんたどさ（そんな所に）居んなやぁ。」

て、言ったけど。久兵衛〈見つけらった〉ど思って、クルッと、後向いで、どんどど（急いで）逃げで行ったけど。

ほんでも、とうどうしぇめらった（つかまえられた）けど。

ほして、久兵衛、顔隠して小っこぐなっていだでば、おっかさん来て、

「旦那さん、なしてほんた（どうしてそんな）格好してんな。玄関がら堂々ど入ったら良えべ。」

て、言ったけど。

「おれまだ、きづねになってすまたさげ、家の中さなの入らんねなだは。」

て、言ったけど。ほしたでば、おっかさん、

「あはははははぁー。」

て、笑って、

「なに馬鹿なごど言ってんなや。ほれ、見でみろ。」

て、懐(ふところ)がら手鏡コ出して、旦那さんさ、やったけど。

久兵衛、怖(お)そる怖(お)そる覗(のぞ)込んで見だでば、元のまんまの我(わ)の顔、映ってだけど。

約束破った久兵衛ば（を）、こらしめようど思ったきづねに、すっかり騙(だま)されですまたなぁけど。

どんび　すかんこ　ねっけど。


（柿崎宥存の語り、『新庄・最上の昔話』より）

手無し娘(てなむすめ)

大竹　智也子

むがす、あったど。

むがす、ある所(ど)さ、娘どおやんつぁん（父親）ど居(え)だけど。母親まだ、娘小(ちゃ)っこい時、死んですまて、二人して暮らしてだけど。

んでも、世話する人居(え)で、後家(ごけ)かが（後妻）もらたけど。

ほすっと、ほの後家かがが、先のうず良(え)がったども、何年もしたでば、娘どご憎えくて憎えくて、娘どごいじめるようになったなだけど。ほして、おやんつぁんさ、

「娘ば、山さ連(つ)で行って、殺して来い。」

て、言ったど。ほすっと、おやんつぁん、後家かがの言うとおり、山さ連で行ったど。

　そして、ずっと山の奥の奥山さ連で行ったども、なんぼしても殺しかねで、そこさ置いで、家さ帰って来てしまたど。

　置がれだ娘ぁ、二、三日だまっていだっただども、腹減って、腹減って、どげもしやねくて（どうしようもなくて）家さ帰って来てすまたど。

　ほしたでば、後家かがぁ、動転して、

「何だべまず、殺して来いて言ったなさ、戻って来たでわ。もう一度連れで行って殺して来い。」

て、父親さ言いづげだど。

　そうすっと、おやんつぁん、まだ娘どご連れで奥山まで行ったど。んでも、どうしただて娘どご殺すかねだど。なんぼ後家で言われだだて、我が娘だもの。

　ほうすっと、

「許してけろ」

どんて、泣ぎながら娘の両腕もいで帰って来たど。

　娘は手もがっても生ぎったったど。すっと、そさ（そこに）、いづがの間、熊来て背中つだす（突き出す）なだけど。

〈なえだて（なんと）、この熊、背負れていうなだべが。〉て、思って、熊の背中さ背負ってみだど。ほすっと、ほの熊、娘どご背負って、山の中がら浜端さ連で行って下ろしたけど。ほすっと娘、海の水で腕の傷、洗ったど。ほして、夜ぇなったでば、ちゃっとまだ、背中つだしたけど。

「こりゃあ、まだ背負れていうごどだな。」

て、娘、熊の背中さ背負ったでば、浜がら山の中ずうっと走って、ある村の親方衆のつぼ（お庭）さ、下ろしたけど。娘、腹減って腹減って、何か食うもの無えが辺り見だでば、つぼさ何が小っこい丸こいもの　なってだけど。

「この赤げ実、んめそうだな（おいしそうだな）。」

て、もいで食ってだでば、熊、まだ背中ちゃえっとつだすど。そうして乗ったでば、浜さ連れで行ったなだけど。娘ぁ、まだ海の水で傷、洗ったど。

　親方衆の旦那様、つぼ回ってえだでば、誰が大事にしてだ木の実、取って食った跡あるけど。ほすっと、〈晩げ来たら捕めでける〉て、待ってだけど。

　夜になるど熊、まだ、手の無え娘どご乗せで来て、親方のつぼさ下ろしたけど。そうすっと、隠れでえだ旦那様で捕めらってしまたど。捕めでみだでば、めんごい（きれいな）手の無え娘だけど。

「ねぇして（どうして）ほういう姿になったなや。」

て、聞いだでば、娘、泣ぎながら今までのごど、話ししたけど。

「なえだて（なんと）、むぞせ（かわいそうな）ごど。良えごんたら（良いなら）おら家で居でろ。」

て、娘ば（を）、おぐごどしたけど。

　旦那様には、年頃の息子えだけど。ほすっと、めんこい娘だもんださげ、息子ぁ、

「嫁にもらいで（貰いたい）」

て、言って、嫁にするごどしたなだけど。

　娘、親方衆の嫁になり、腹も大きぐなって、幸せに暮らしてえだったども、息子ぁ、江戸さ仕事行ぐようになってしまたけど。ほうすっと、旅立って行ってしまたべでゃ。娘、我ぁの旦那いねくて、心細がったべだて、おぼご（赤

子）生まれだど。ほれごそめんごげだ（かわいい感じの）男おぼごだけど。旦那様、喜んで喜んで、江戸で居る息子さ、「母親は手ぇ無えども、卵に目鼻っていうほど、めんごい男おぼご生んでくれた。」て、手紙書いで、飛脚さ持だせで使い出したど。ほの飛脚、山越え野越え、まだもや野越え山越え走っているうづ（うち）、途中で日が暮れだもんださげ、一軒の家さ泊めでもらったど。

ほしたら、ほの家、娘の家であったど。

ほすっとほれ、後家かがぁ、根性の良ぐ無ぇ女だべ。飛脚寝でがら、〈この人ぁ、江戸さ行ぐなて、どげだ手紙持って行ぐもんだべ〉て、荷物の中、見だなだけど。ほしたでば我ぁ家の娘のごどだて分がったど。ほすっと、こそっと、

「このたび、鬼の子だが蛇の子だが知れねもの生まれでしまった。」

て、別のごど書いで、知らねふりしていだど。

飛脚、ほういうごど知らねで、江戸の息子まで届げだど。ほして、ほれ読んだ息子ぁ、

「何が生まれでも、俺の子どもに違い無ぇさげ、俺が帰るまで大事にしておいでくれ。」

て書いで、飛脚さ持だせだど。

ほすっと、飛脚、ほれ持っての帰り、まぁだ、ほの後家かがぁの家さ泊めでもらったけど。ほすっと、飛脚寝でがらまだ、包みの中の手紙見だでば、

「何生まれでも、帰るまで大事に頼む。」

て、書いであるものを、

「鬼だが蛇だが分がらないもの生まれだなら、俺が帰るまで追出してやってけろ。ほういうものが居るうず、帰ら

ね。」

て、書ぎ直しておいだど。

　そういうごど知らねで、飛脚、帰って行ったでば、旦那様待ってだけど。ほして、手紙見だ旦那様はじめ、家中困って、困って、困まり果てですまたけど。ほんでも、息子の言うごどだんだす、嫁ど　おぼごどご追出してやるごどしたけど。泣きながら肌着だの、すんめす（おしめ）だの支度してけって、嫁さ　おぼご背負わせ、風呂敷包み背負わせるど、銭の入れだ袋、あっつこっつ（あちこち）さ　下げでけったけど。ほして、

「この袋の中には、十分に銭入ったさげ、誰がに乳コ飲ませでもらう時、すんめす取っ替えでもらったら、この袋の銭、お礼出せな。」

て、母様教えで出してやったけどわ。

　嫁コ、どごさ行く当ても無ぇんだす、あっつだ、こっつだて歩いったでば、おぼこ、水飲みでくて泣ぐなだけど。〈どごがで何かねぇべが〉て、探しながら歩いったでば、お観音様あったけど。〈ああ、良がったごど〉ど思って、行ったでば、観音様の脇さ　お清水様あったけど。背中で　おぼご泣ぐども、手無くて下ろすごどもでぎね、〈どげして水飲ませだえべ〉て、考えで、しゃがんで、肩がらおぼごどご傾げでみだど。ほしたら、ほの拍子に、ヒョロッと、おぼご、帯がら抜げで逆さまに落ちで来たど。娘ぁ、

「あぶねっ。」

て、おぼごどご拾うかじゅしたでば、ヒョェッと手出で、おぼごどご抱き上げだど。娘、これはきっと、お観音様のお蔭だど、泣いでお礼言うけど。ほして、お観音様の側がら離れでぐ（離れたく）無くて、その近くさ小屋コ掛げで、そごで暮らすごどしたなだけど。ほごで茶屋コなのして、やろコど二人暮らしったったど。

今度、息子ぁ、江戸での仕事終わして、早ぐ嫁ど　おぼごさ会いでくて、わらわらど（急いで）家さ帰って来たど。

ほしたでば、おぼごも嫁もいねけど。息子、ごしゃいで（怒って）、

「なして（どうして）追出した。『俺、帰るまで大事に育ででけろ』て、手紙書いでよこしたべ。」

「なにど。そういうごど書がれで無えけぞ。見ろ、この手紙。」

て、とっておいだ手紙見せだでば、

「こういうごど、書いだ覚えがない。誰が書いだのだ。ほれより、二人を探しに旅に出るさげ、見つけねうづは、家に戻らね。」

て、探しに出ですまたど。探ねで探ねで、そっつだ、こっつだて探し回ったども、ながなが見つからねけど。

ほして、あるどぎ、くたびれで一軒の茶屋さ腰掛げだけど。ほしたでば、茶屋の女ご、我の嫁そっくりだけど。んだども手あるんだず、〈ちがうべが〉ど思って見ったでば、五つ六つなる男おぼご出で来て、見ったっきゃ（見ていたが）、

「おとっつぁん来た。」

て、大きい声で奥に　叫んだけど。

「おとっつぁんなの来るわげねぇべちゃ。」

て、言う声するど。

「んね（ちがう）。おとっつぁんだ。出で来て見ろ。」

出で見だでば、待づに待ってだ旦那だけど。

喜んで、喜んで、二人して一晩語り明かすたど。手紙が書ぎ替えらったごど、手出て来たごど、茶屋出したごど、語っても語っても語り足りねけど。

今度、旦那も家さ帰らねで、親子三人、お観音様の側の茶屋で、仲良ぐ暮らすたけど。
どんべ　すかんこ　ねっけど。

（沓澤ミノの語り、『〔定本〕関澤幸右衛門昔話集　「イエ」を巡る日本の昔話記録』より）

車屋辰蔵（くるまやたつぞう）

柿本　富寿子

むがーす、むがす　あったけど。

むがす、あっとさ、車屋辰蔵ていう人えだけど。

あっとぎ、辰蔵、観音様の前通ったでば、みかん箱落づったけど。ほして、ほの中がら、おぼご（赤子）の泣き声聞け（き）で来（く）んなだけど。ほうすっと、辰蔵ぁ、ほれば拾（しょ）って、すぐ役所さ届げ行ったけど。

みかん箱の中のおぼごまだ、女（おな）ごおぼごだけど。役所の人まだ、

「このおぼごの親、見つかるまで、誰が育ででける人、いねべがやあ。」

て、辰蔵さ言ったけど。ほっと（すると）辰蔵ぁ、

「このおぼご拾ったのも、何がの縁だべさげ、親が見つかるまで、おら家（え）で預がって育でんべちゃ。」

て、言ったけど。

辰蔵のかがぁ（嬶）も良（え）え人で、めんごがって（かわいがって）育でで、歳月たったでば、一人前の良（え）え娘になったけど。

あっとぎ、ほの娘、辰蔵のかがぁどさ（に）、

「おれ、どごがで働いでみってやあ。」

て、言ったけど。かがぁまだ、

「何もお前なの、働ぎ行がねたて良えさげ。」

て、言ったど。ほんでも娘まだ、

「良えさげ、働がせでけろ。」

て、言って、道路工事の土方仕事　見つけで来て、働ぎ出るようになったけど。

ほして、五日ばり働いだでば、金もらって来たけど。ほの金、男だて七日も働がねば、もらわんねようだ金もらって来たなだけど。辰蔵夫婦ぁ、たまげで（驚いて）、

「お前どさ、なしてこげえっぺ金けってよごしたべ（どうしてこんなにいっぱい金をくれてよこしたのだろう）。」

て、言ったでば、娘ぁ、

「おれどご、親方まだ、『まずまず働いで良え娘だ』て褒めで、この金、けったなだけ。」

て、言ったけど。

ほれがら娘、まだ十日ばり働いだでば、まぁだ、大金もらって来たけど。ほうすっと、辰蔵、

「なんぼお前が働ぐったて、一度、礼行がねんねべなあ（行かなければならないだろうなあ）。」

て、言って、娘ど一緒にお礼出掛げだけど。

ほして、親方どご見だでば、娘の顔どそっくりだもんだぁげ、辰蔵ぁ、たまげではぁ、〈こりぁ、ひょっとしたら、娘の本当の親んねべが。んださげ（だから）あげ（あんなに）えっぺ金、けってよごしたなんねべが〉て、思った

けど。

次の日、まだ、娘ど一緒に親方さ行って、ほのごど話したど。ほしたでば親方ぁ、

「おれの娘なのんね。あなだの娘、良え娘だぁげ、他の人よりちょっと多ぐ金やったなだ。」

て、言ったけど。ほんでも辰蔵ぁ、

「いやいや、娘の本当の親に違いねぇ。親方ど娘ど二人並べっこんだら（並べてみたら）何てかにてそっくりの顔してる。」

て、言ったど。ほして、

「今まで預かって育でで来たども、どうが本当の親だて名乗って、離れ離れになってだったぶんまでも、これがら娘どご幸せにしてけろ。」

中心商店街街灯・こぶとり爺さま

て、言ったけど。

ほしたでば、二人の間さ立って話聞いった娘、辰蔵の胸さ顔ば埋めで、

「おれの父親、一人しかいねぇ。」

て、泣いだけど。

「生みの親より育ての親」て、言ったもんで、ほれがらも辰蔵夫婦と娘ど幸せに暮らしたけど。どんべ　すかんこねぇけど。


（伊藤タケヨの語り、『米寿の記憶帳』より）

与蔵沼

井上　ユキ

むがーす、むがす　あったけど。

むがす、山の中の村さ、与蔵ていう兄居だけど。

ほの与蔵、雑魚しぇめ（つかまえ）好ぎで、仕事無えていうど、こっつの川だ、ほっつの沼だて、雑魚しぇめ歩ぐなだけど。

あっとぎ、仕事も一休みていうどごで、お天気も良えす、与蔵ぁ、

「いっつも行ってる沼さ、雑魚しぇめ行って来る。」

て、握り飯持って出掛げだけど。

ほの日ぁ、調子良えくて、なんと雑魚、かがんなだけど。ほげしてるうづ、すこでま（たくさん）大け、赤げ鯉かがったけど。喜んでしぇめがだ　していだったども、お天道様、頭の上さ来たもんださげ、〈昼飯にすっぺ（しょう）〉と思ったけど。ほして、〈雑魚でも焼いで食うが〉どんて、柴コだの、ほごら辺である根ッコだの集べで火ぃ焚ぐど、ほの大け赤げ鯉ば、どげだ味だが食ってみでぐなったけど。

ほうすっと、ほの鯉炙ったけど。ほの鯉じゅもの、炙ってるうずから、ええ匂いすんなだけど。ほげして焼ぎ上がっと、与蔵、食ってみだど。旨て、旨て、舌んぺろんこ（舌が）抜げるようだけど。

「赤鯉、旨ぐねていうなだども、いやいや旨もんだやあ。」

て、言ってだでば、なえだが喉渇いできたけど。ほっと、与蔵、水口の綺麗だどご手ですくって飲んだど。どっかどした（落ち着いた）けど。ほんで、立づかじゅしたでば（立とうとしたならば）、まだ飲みでなだけど。ほすっと、まぁだすくって　でっつら（たくさん）飲んで腰下ろしたでば、まぁだ飲みでなだけど。

今度、少しばりで足んねようだ喉の渇ぎぶりだけど。ほうすっと、沼の縁りさ　のだばって（這いつくばって）口つけだど。ほして、ゴクゴク　ゴクゴクて、飲んだけど。ほして、どっかどして〈立づべ〉ど思うど、まぁだ飲みでぐなんなだけど。

与蔵、今度、飲んで飲んで、沼の水ありったけ無ぐなるまで飲んですまたけど。ほんでも飲みでじょおなあ。

ほすっと、沼の真ん中あだりさ溜まった、ほの水目がげで、泥の中、こいで行ったけど。

ほして、ほの水、ビーッ、ビーッて、飲んだでば、だんでだんで、蛇体の姿になっていったなだけどわ。

今度、家の人達まだ、暗ぐなっても与蔵帰ってこねもんださげ、

「雑魚しぇめ行って、間違って沼さでも、転んで行ったどごんねべな。」

て、言うど、家中で松明だの提灯だの持がて、雑魚しぇめ行った沼さ行ってみだど。

ほして、あっつこっつ探したでば、雑魚炙って食った跡あっけど。

「やっぱり、こごさ来たなだなあ。」

て、言うど、

「与蔵ー。与蔵ー。」

「与蔵ー。与蔵ー。」

て、家中で叫んだずも、返事無っけど。今度、親かがぁ、神経なったみでして（気が狂ったようになって）、

「よんぞうー。よんぞうー。」

て、叫んだでば、満々どした沼の水、ザワザワ　ザワザワど揺れで、ほの中がら蛇体、ニューッと、頭持ち上げだけど。ほして、

「がっかあ（おかあさん）、俺だ。与蔵だ。俺、大け赤げ鯉食ったおや。ほしたでば、喉渇いで喉渇いで、この沼の水、一滴も無ぐなるまで飲んだでば、こげだ姿になってすまた。きっと、この沼の主だったなだべ。罰かぶったなだ。俺どご諦めでけろ。」

て、言ったけど。ほうすっと親父も、かがも、

「どげだ姿だて良えさげ、戻ってこえー。」

て、叫んだども、沈んで行って、二度ど姿現すごど無えけどわ。

ほんどぎ（そのとき）から、ほの沼の水、涸れるていうごど無くて、いづでも満々どあるのは、与蔵が守ってけってっさげだなぁど。

ほれがら（それから）ほの沼のごど、「与蔵沼」て、いうようになったなだけど。

どんべ　すかんこ　ねっけど。

（渡部豊子の語り、『昔話と村の暮らし（山形県最上郡旧萩野村）』より）

笛吹き沼

前盛　智恵

むがーす、むがす　あったけど。

むがす、庄内の若い飛脚ぁ、お城がらの大事な使いで、山形のお城まで行ぐなだけど。

戸沢村の蔵岡を過ぎだ辺りがら道ぁ山道で、飛脚、汗ば拭ぎ拭ぎ一生懸命登て、ようやっと作の巻（地名）の山の上まで来たなだけど。

こごまだ景色の良え所で、庄内の方見ると鳥海山、今登って来た方見れば、最上川がとうとうど流れでるす、清水の方見るど雑木林の中さ　きれいな沼見えんなだけど。

「あの沼の所で一休みすっか。」

て、坂道ば駆げ下って、沼の側さ腰掛げで休んだけど。ほの沼まだ、青々どして、辺りも静がで物音ひとづすねなぁけど。

ほっと、飛脚、笛ば吹ぎでぐなったなだけど。

ほの飛脚、笛吹ぐな一番の楽しみで、笛ばいっつも腰さ差しているなだけど。ほして、大事そうに笛ば出して、「ヒョー　ヒョー」て吹ぐど、ほの笛、良え音色で、沼の辺り響いで行ぐなだけど。飛脚ぁ、我の笛さ酔ったようえして、時の経つのもわすれで吹いでいるうづ、辺りうす暗ぐなって来たなだけどはぁ。ほして、〈なえだが背中、サワサワするようだ〉ど思て振り向ぐど、いづがのこめ（いつのまにか）娘、立っていだなだけど。ほして、

「私はこの辺りに住むものです。あなたの笛の音があんまり見事で、つい聞き惚れていました。どうかもう少し笛を

吹いてください。」

て、頼むなだけど。

「私は、これから大事な用で、山形まで行がねんねさげ（行かなきゃならないから）。」

て、断っと、娘ぁ、

「どうか、もう一曲だけ吹いでください。」

て、言うなだけど。

「んだら（それなら）二日後、山形がらの帰り、ここを通る。ほの時に必ず笛を吹ぐさげ待づででけろ。」

て、走るようにして清水の方さ行ったなだけど。

飛脚ぁ、山形で用事をでかして（終わらせて）清水まで帰って来たなだけど。んでも、あの沼の所を通るな、嫌だぐなったけどはぁ（嫌になったんだと）。〈あの沼の辺りには、家などないはずだ。あの暮れがげ（夕方）沼の辺りに居るなんて、何か娘に化げったなだおな〉ど思って、飛脚ぁ、〈舟で下っと、あそこ通らねさげ、舟で行ぐべわ〉て、堂の前（地名）の船着き場から乗合舟さ乗って、最上川ば下ったなだけどはぁ。

船頭、舟ば（を）ギィギィど漕ぐど、たづまづ稲沢、作の巻ど過ぎで行ったけど。

飛脚ぁ、山の方眺めで、〈この上の辺り、あの沼だおなあ（じゃないかなあ）。あの娘、なんぼが俺ば待ってだべな〉ど、思ったけど。

舟、何事も無ぐ、天狗の岩の所もずーっと下って、蛇喰見の淵まで来るど、舟ぁ、ピタッと止まって、動がねぐなってすまたじゅお。

船頭、なんぼ櫂で漕いだり棹ば使ったて、何らもんだが（どうしたのか）、舟ぁびぐともすねじょおやあ（しないんだ

と)。ほっと(そうすると)、困り果てだ船頭、

「これぁきっと、この辺りの主え見込まった人ぁ、この舟さ乗ってださげ動がねだ。こげだ(こんな)話、昔聞いだごどある。まずまずお客さんや、思い当だる人居だら、名乗り出でけろや(名乗り出てください)。」

て、言うなだけど。ほんでも、誰も名乗り出る人なの　いねけど。ほっど(そうすると)船頭、

「んだら(だったら)、我の持っているものば川さ流して見でけろ。ほっど、ほの人分がっさげ。」

て、言うど、船頭ぁ、半纏ば脱いで川さ流したけど。

半纏、何事も無ぐ流って行ぐず、みんなも手拭や笠ば次々ど流してやっても、何にも変わったごどねぐ流って行ぐなだけど。

最後にほの飛脚も、みんなながら、

「お前も何が流してみろ。」

て、言わって、手拭ば川さ落としたなだど。ほっと、ほの手拭、一本の棒のようえ突っ立って、舟の周りば(を)グルグルど何回も回って、蛇喰見の淵さ、ズブズブッと沈んで行ったなぁど。

ほっとみんな、「アッ」と、驚いでブルブルど震えったけどはぁ。船頭、

「主がら見込まった人ぁ貴方だ。気の毒だがみんなのため、ここで舟がら下りでけろ。」

て、言わったなだけど。飛脚ぁ、

「ああ、あの沼の娘だな。もうなじぇしても(どうしても)逃れるごどでぎ

中心商店街モニュメント・かわうそと狐

ねなあ。」

て、言うど、舟の人達さ、

「実は二日前、あの山道の沼の辺りで、こういうごどあったなだ。そういう訳で、私は国に帰るごどできねべ（できないだろう）。船頭さん、この手紙ば庄内のお城まで届けてもらわんねべが。」

て、頼むど、舟がら下りで沼のある方さ歩いで行ったけどはぁ。

ほっと、あれほど動がねがった舟、ゆっくりどまだ動き出して、本合海（もとあいかい）の方さ下って行ったけど。

ほの後、ほの飛脚どご見がげだ人ぁ、誰もいねなぁど。んでも、月の出だ静がな夜になっと、沼の方がら笛の音聞けでくるようぇなったなぁど。

ほれがら、この沼ば、「笛吹き沼」て、言うようになったなだど。

んださげ（だから）、山には魔物がいで、口笛どが笛の音が好きで寄って来るもんださげ、山で吹くもんでねえど。

どんべ　すかんこ　ねっけど。

（大蔵村・安彦敏子の語り、『大蔵の民話』より）

へやみ太郎（たろう）

鈴木　敏子

むがす、あったけど。

むがす、あっとさ親にも死に別れで、一人で暮らしている兄（あん）つぁ　居（え）だけど。仕事嫌（や）だくて、寝でばり居（え）るもんださげ、へやみ太郎て、言われでんなだけど。家の周りなの草ひとづ毟らね、家の軒さカラス瓜（雑草）の蔓、這っただて取りもすねで、寝でばり居でっけど。ほうすっと、破れ窓がら蔓這って来て、ほの蔓つたって、イナゴだのキリギリスだの入って来て、あっちゃ巣くい（巣を作り）こっちゃ巣くいして、虫の宿になってすまたけど。

ほんでも兄つぁ、ふんぬげ返って（寝そべって）、追いもすねで寝っだれば、へその上さ巣くったなだけど。ほんでも、黙んまて動がねでいだけど。

ほうすっと、キリギリスぁ、

「何だて、他の家さなの行ぐど、追わったり殺さったりするじゅんだ（のに）、こげだ良え人居ねさげ、この人ちゃ（に）恩送らねんね（恩を返さなきゃならない）。」

て、言うど、ブーンと飛んで、若勢（働き手、下男）の二十人も置ぐ反物屋の店さ行って、夜えなっと、

「奥州の国のへやみ太郎ば（を）、婿えすねど（婿にしないと）、旦那の首切る。キリキリキリ。」

て、鳴いだど。ほうすっと、旦那、怖っかねくて、寝らんねけど。

次の日、番頭達ば呼ばって、

「きっと、何か居るさげ、ほごら　こごら見で来い。」

て、探させだども、何も居ねじょお。ほすっと、ほの晩、番頭達ば、同じ部屋さ寝せだど。

ほすっと、まだ、

「奥州の国のへやみ太郎どご婿えすねど、旦那の首切る切る。」

て、聞けるじょお。

「それっ。」

て、探したども誰もえね（いない）。ほすっと旦那、

「こりゃ、神様の教えださげ、へやみ太郎じゅう（という）者えだごんだら、婿にすねんねさげ、奥州の国さ行って来い。」

て、番頭ば行がせだけど。

　行ぎ行ぎずーっと行って、

「奥州の国じゃ、こごですべが。」

て、聞いだでば、

「んだ。」

て、言うけど。

「へやみ太郎の家じゃ、どごですべ。」

て、言ったでば、

「話には聞いったども、おら知らねぇなあ。」

て。まだ行ぎ行ぎ行って聞いだでば、

「もっと、ほっつ（そっち）だ。」

　ほして、とうどう、

「おれ家の一軒おいで隣だ」

ていう所まで行ぎつけだけど。行ってみるど、家の周り、草ぼうぼう、蔓は這う藪やらで、中さ入って行がんねじょお。〈いがに在だ（田舎）だて、こういう所さ、人ぁ居るもんだべが〉て、思いながら、

「はいっとう（ごめんください）。はいっとう。」

て、言うど、

「はい。」

て、出で来たけど。何てかにて髪えっぺかぶって（のび放題して）、髭べろりおがして（のび放題のばして）、目ばりヒカヒカして（光らせて）出で来たけど。番頭ぁ動転したげんども、旦那の言い付けださげ、

「『良え所がら婿もらって来てけろ』て、言わっださげ来やした。」

て、言ったど。ほうすっと、

「おれなの婿どごんね（どころでない）。仕事嫌んだくて、寝でばりいでんなださげ、婿なの行がね。ほっても（絶対）行がね。」

て、言うけど。

「助けるど思って来てけろ。今月の二十八日、駕籠屋連れで来っさげ、ほれまでめんごげ（きれいに）髪結って髭剃ってでけろ。」

て、金置いで行ったけど。

ほうして、二十八日、駕籠屋連れで来たけど。兄つぁ、髪床さ行って、髭剃ったでば、背は大きいやら、器量は良えやら、ちょっとえね良え男ぇなってえだけど。

「なぁに、家元なの分がらねんだす、これだば何処に出しただて恥ずがすぐねえ婿だ。」

て、番頭、喜んで、へやみ太郎どご駕籠さ乗せで連で来たど。ほうすっと、

「反物屋で婿もらうどごだ。」

て、道端さ黒山の人だがりだけど。駕籠止めで見せっと、

「反物屋の婿だげあって、良え婿だ。」

て、みんな感心したけど。

ほんで、へやみ太郎、ただ座っているだげで、「若旦那、若旦那」て、大事にされでえだけど。

ほうしてるうづ、へやみ太郎ぁ、商売面白ぐなって働ぎ者になり、ほごの家の旦那親父になったけど。

んださげ、キリギリスだの虫けらだて、卑めだり踏んづげだりすねで、大事ぇすっと、良えごどあるもんだど。

どんべ　すかんこ　ねぇけど。


（伊藤タケヨの語り、『新庄・最上の昔話』より）

禅問答

新国　玲子

むがーす、むがす　あったけど。

むがす、山奥のお寺さ一人の和尚さん居だけど。檀家も少ねぐ、だれーもいね一人だけど。

ほの門前に茶店あって、ほの茶店にも、やっぱり一人暮らしの親父居で、毎日、こんにゃぐ作って売ってえだっけど。ほして、暇せもあれば二人でお茶飲みしたりして、仲良ぐしてんなだっけど。

ある日、和尚さんまだ、心配そうな顔して茶店さ来たけど。親父まだ、

「ねぇだや、和尚さん。困ったごどでもあんなが。」

て、聞いだけど。ほすたら、和尚(おっ)さんまだ、

「んだなよ。困ったごど出来だや。昨日(きんな)、本山がら手紙来て、『明日、大和尚が禅問答(ぜんもんどう)に来る』って、言(ゆ)ってよごしたども、おれまだ、ほげたごど苦手(にがて)だもんで、困ってだごだわ。」

て、言(ゆ)ったけど。

「和尚(おっ)さん。禅問答して負げだら、どげなんなや（どうなるのか）。」

「負げだら、お寺がら追(ぼ)われっかもすんね。とにかぐ困ったやぁ。」

て、言(ゆ)うけど。親父も心配して、考えでえだっけども、

「和尚(おっ)さん、和尚(おっ)さん。んだごんたらな（そういうことなら）、明日、おれが和尚(おっ)さんなってお寺さ居(え)で、和尚(おっ)さんが茶店さ居(え)だらどげだや。もす、おれが大和尚に負げでも、和尚(おっ)さんが留守だったさげ、おれが代わって居(え)だどなれば、和尚(おっ)さんに傷つかねべぇ。」

て、言ったけど。

ほすて、本山から、大和尚が来る日に、茶店の親父が衣を着て、お寺でちゃんと待ってだけど。お昼近ぐ、大和尚まだ、

「ごめん。」

て、言って、ずがずがど入(へぇ)って来て、何も言わず正座(しょうざ)にドカッと、座ったけど。

偽和尚(にせおしょう)ば、ジロリど見で、何も言わねで、親指ど人差し指で◯(まる)作って、ヌーッと、出してよごしたけど。親父まだ、目(まなぐ)キョロキョロど、さしぇで、何思ったもんだが両方の手を横にパッと、広げだけど。大和尚は、不思議な顔して見ったけども、こんだ、両方の手の指を広げで前に出したけど。親父ぁ、ほれ見で何思ったもんだが、指を広げ

で、片手をサッと出したけど。大和尚は、こんだ三本の指を立でで前に出したけど。親父まだ、しばらぐ見でいだけども、あが目ー（アッカンベー）て、したけど。ほうしたら、大和尚は、感心したような顔してえだけども、恭しくお辞儀すっと、帰って行ったけど。親父ぁ、ほのまんま座って、

「ハァーッ。ハァーッ。」

って、感心すったけど。

大和尚まだ、帰りに茶店さ寄ったけど。ほして、お茶御馳走なりながら、

「はてさて、この寺の御仁は、たいした偉い御仁である。何処で修行なされたか、山の中に置くのは惜しい方である。」

て、言ったけど。和尚の親父は、

「ほんげ、わがりぁんすけがや（そんなに、わかりましたか）。」

て、聞いだら、

「わしが、『日月とは。』って、問えば、『大海にあり。』と、即座に答え、『ならば、十万世界とは。』と、問いかければ、『五戒に保つ。』と、答えた。それから、『三界とは。』と、問えば、『目の下にあり。』と、答えた。いやはやたいした御仁である。」

と、感心しながら帰って行ったけど。

和尚ぁ、わらわらどお寺さ帰ってみだでば、親父ぁ、まぁだ感心して、座ったまんまで居だけど。

「親父、親父。どげだけや。」

て、聞いだら、

「うん、大和尚どもなっと、たいしたもんだけや。おれが、こんにゃぐ作りしてんな、全部わがってで、『玉こんにゃぐは、どう作る。』って、聞いだけさげ、『大鍋で作る。』って、言ったら、こんだ、『一づ十文か。』と、聞いださげ、『んねぇ、五文だ。』て、言ったら、本山あだりの大和尚どもなっと、ねづいもんだや（ケチなもんだなあ）、『三文に負げろ。』って、言ったけさげ、ほんげ安ぐ売って損してえらんね、『あが目ー。』て、言ったら、帰ってすまったけ。たいしたもんだや。」

て、言ったけど。ほうして、和尚さんの難を逃れだっけど。

んださげ、「生兵法怪我の元」て、なにも知ゃねなも　ええごどあるもんだど。

どんべ　すかんこ　ねっけど。


（齋藤シヅエの語り、『新庄・最上の昔話』より）

中心商店街モニュメント・笠地蔵

長げ名前

伊藤　佐吉

むがーす、あっとごさなあ、親父どかがぁ　居だっけど。

ほげしてるうず、男んぼこ（男の赤子）産すたけど。仕事忙しくて、面倒くせぇぐねぇように「チョン」て、言う名前付けだけど。

ほげしているうず、ほのんぼごまだ、三歳なっとぎ、井戸さ落ぢで死んだけどぁ。

「なんで、死んだなぁべ。」

て、言ってだでば、

「あんまり短け名前ださげ、死んだなだべな。」

て、言わったけど。

ほげしているうづ、まぁだ、赤子産すたけど。こんだ、庄屋さ聞ぎ行ったけど。

　庄屋様まだ、

「んだら、おれ付けでける。」

て、言ったけど。ほすて、付けでけった名前が、

「大蒜さんば　臭さんば、一丁二丁　丁二丁、長者の蛙の長次郎兵衛、かんの頭のかっから左衛門　鶏　頭　の菊左衛門、屁っつぐ屁っつぐ　千ぼの神、ぐるぐるへんずの　ぐるへんず。」

て、言うなだけど。

　ほして、三歳なって、遊んたでば、んぼご、まぁだ井戸さ落ぢだけど。親父ぁ、隣の婆んばさ、んぼご助けんべどんて梯子借り行ったけど。

「おら家の、大蒜さんば　臭さんば、一丁二丁　丁二丁、長者の蛙の長次郎兵衛、かんの頭のかっから左衛門、鶏頭の菊左衛門、屁っつぐ屁っつぐ　千ぼの神、ぐるぐるへんずの　ぐるへんず、井戸さ落ぢださげ、梯子貸してけろ。」

て、言ったでば、聴っかず婆んばぁ、

「なにどぉ。」

て、言ったけど。

「おら家の、大蒜さんば　臭さんば、一丁二丁　丁二丁、長者の蛙の長次郎兵衛、かんの頭のかっから左衛門、鶏頭の菊左衛門、屁っつぐ屁っつぐ　千ぼの神、ぐるぐるへんずの　ぐるへんず、井戸さ落ぢださげ、梯子貸してけろじゅ。」

「なにどやあ。」

「おら家の、大蒜さんば　臭さんば、一丁二丁　丁二丁、長者の蛙の長次郎兵衛、かんの頭のかっから左衛門、鶏頭の菊左衛門、屁っつぐ屁っつぐ　千ぼの神、ぐるぐるへんずの　ぐるへんず、井戸さ落ぢださげ、梯子貸してけろじゅ。」

「ほりゃ、大変(てぃへん)だ。早ぐ持って行げ。」

て、持って行って、梯子かげでみだでば、死んたけどぁ。んださげ、あんまり長げ名前(なん)、つけるもんでねぇど。

どんべ　すかんこ　ねっけど。


（伊藤タケヨの語り、『米寿の記憶帳』より）

親指(おやゆび)も一升(いっしょう)のうづ（うち）

伊藤　妙子

むがす、あったけど。

むがす、川沿いさある村のこどだども、米あんまり穫(と)れねくて、どごの家でも川漁で暮らしたでいんなだっけ

冬・新庄市街方面

ど。

鮎のとれるころになっと、おやじ達ぁ、夜んま（夜間）川さ　刺し網張って、ほの上の方さ舟浮かべで、たいまつ振っと、鮎さわいで網さ　かがんなだど。

夜のうづ、十匹ずつ板さ並べで、朝ま早ぐ　かがぁ達ぁ売り歩ぐなあけど。

新庄の米屋でまだ、鮎ど米、取り替えでくれるもんださげ、必ずみんな寄るもんだけど。

んでも、ほの米屋の番頭、ながなが利口で、一升枡で米計っとぎ、枡の角さ親指入れだまま　計っちゅお（計るんだと）。親指の分、少ねぐなっぺ。みんな、〈あの番頭、ずるい人だ〉って、思っていでも、鮎買ってもらわねど困るもんださげ、誰も言えねくていだけど。

あっとぎ、若げ嫁っコ米屋さ来て、鮎ど米、取り替えでもらったでば、いつものように枡さ親指入って計ってよごしたもんださげ、

「番頭さん、番頭さん。ほの指も一升のうづ（うち）ださげ、もらわねんねぇ。」

て、言ったけど。ほうすっと、ほがのかがぁ達も、

「んだ（そうだ）、んだ。ほの指　もらわねんねぇ。」

て、みんな騒いで指引っ張ったもんださげ、番頭、青い顔して困ってすまったけど。

ほしたら、奥がら旦那様出て来て、

「今度から絶対させねさげ、勘弁（かんべん）してくだせぇ。」

って、頭下げだっけど。番頭も、

「どうが許してけろ。」

って、泣きながら謝ったけど。

んださげ、あんまりずるいごど　さんね（されない）もんだど。

どんび　すかんこ　ねっけど。


（舟形町・溝口仁の語り、『新庄・最上の昔話』より）

第二部

昔話を語り継ぎたい人に

旧大槌町役場前の地蔵尊

岡山駅前の桃太郎像

エッセイ

釜石おらほ弁　悲しみを乗り越えて

北村　弘子

釜石で民話を語り伝える漁火の会として、発足したのは、平成二〇年一月一日、そこからさかのぼる一年前　平成一九年一月二日に、悲しい連絡が入りました。

私の高校時代の同級生が亡くなったと言うご主人からの電話、彼女は難病を患い、一〇年間にも及ぶ闘病生活に耐え続けていたのでした。

何度かご自宅を訪ねて行く中で、車いす生活だった彼女が、「私ね、母さんの後を継いで、民話の語り部になろうと、思っていたの」と、ささやいた一言。

実は彼女のお母さんは、遠野物語の語り部として全国的にも有名な鈴木サツさん、正部家ミヤさんの末妹で、釜石で遠野民話を伝える唯一の語り部須知ナヨさんでした。

私は即、「そうなったら、ロミ（彼女の通称）が私に民話を教えてね」と、真顔で彼女に頼み、その時彼女の静かに微笑んだ顔が忘れられなくて、「そんなことをロミと話していたんですよ」と、ロミの火葬の待合室でお母様に話をしたのでした。

同級生のお母さんと言うだけで、お見舞いに行くと病室でご挨拶する程度の面識だったのですが、「だったら、いつでも教えるから家に来なさい」と言ってくださったのです。

その年の秋、当時民生委員をなさっていた須知ナヨさんは民生委員の仲間と語り部の勉強会を始めて、その場に見学者として、私を誘ってくださいました。

しかしその会は数カ月後に世話人さんが病に倒れ、自然消滅したのでした。

消滅後、須知ナヨさんを会長として、その時の民生委員仲間のお一人と私と三人で新しい会を発足させました。

ロミの命日（平成一九年一月二日）の一年後の（平成二〇年一月一日）を発足日と致しました。

新しい会の名前の候補を何個か持ち寄ったところ、その中の漁火と言う名前に会長が、「そうそう私が釜石に来て初めて漁火を見た時の感動が忘れられないから、漁火の会にしよう」と、即決し、そこから、手探り状態の活動がスタートしたのでした。

どんな活動をするとか、会の目的は何とか、どうやって学ぶかとか、羅針盤も無いまま、私の頭は、ロミとの約束を果たす為、ただそれだけで、大海原に船出したのでした。

月に一度須知会長の家に三人で集まり、定例会を始め、会長から遠野の民話を学びながら、釜石にも、もっと民話があるはずだから、釜石の民話を探しだし、釜石の民話を語れるように、伝えられるようになりたいと、思い続けていました。

その年の平成二〇年五月、知人を通して教育委員会に、釜石市春の観光イベントの際に、釜石郷土資料館の囲炉裏のある部屋で、民話を語り、お客様に聞いてもらいたいと、相談を持ちかけました。

快諾頂き、初披露の場所と日程は決まったのですが、語り部はまだ三名だけでした。三名だけでは、三日間で六回のご披露は難しいと思い、一計を案じました。

その時私が所属していた釜石観光ボランティアガイド会のK会長さんに相談したところ、民話の価値を認めて頂き、ガイド会の仲間数名が応援に駆けつけてくださいました。

お陰で初披露会を無事に乗り超えることが出来ました。その時の応援のお一人が現在も漁火の会員として、最も力強いメンバーとなっております。

そこから数年間、年間「春秋冬」三回の観光イベント時に発表会を続けておりましたが、東日本大震災後は、年一回「冬」のみの発表会となり、今年（平成二八年）で一三回目を迎えました。

そんな活動を地元新聞社が取り上げてくださり、徐々に「漁火の会」の名前が知られて行くようになりました。

すると、知り合いから、老人施設で民話語りをする機会を頂き、それから毎年依頼を受けるようになりました。

老人施設では、ほとんど午後二時から三時までの一時間を依頼されることが多く、民話だけを一時間、入所者の皆様に聞き続けて頂くのは少々難儀かと思い、民話語りの合間に、仲間が手品や、得意の唄や踊り等を、あの手この手で一時間楽しんで頂けるように、工夫致しました。

もしかして、語り部が語り以外の唄や踊りを披露するのは、邪道とご批判を頂くかも知れませんが、聞いて頂く方々が、笑顔になって頂けることが、一番大事なことなのではないかと思い、活動しております。

最近では、岩手大学と釜石市教育委員会のお力添えを頂き、地元の小学校でも、民話語りをご披露する嬉しい機会を頂きました。

小学校では低学年向け、高学年向けと演目を選択してそれぞれに語る工夫を致しております。

釜石市内の各町内会からの依頼も頂くようになり、五年前の東日本大震災被災後は仮設住宅からの依頼も頂き、毎月仮設住宅を訪問し、民話語りをさせて頂きました。その時程、慎重に演目を厳選したことはありませんでした。

悲しい話、辛い話、暗い話、後ろ向きの話はやめよう、明るく、楽しい話を選び、皆様に楽しんでいただけるようにと、いつもとは違う緊張感を持ちながら語らせて頂いたのを忘れることは出来ません。

震災で、それまでの定例会の会場が、被災者救援センターとなり、又会長宅で定例会をするようになりました。一年後には元通り、郷土資料館に戻ることが出来ましたが、安定した定例会の会場がある幸せを噛みしめております。

五里霧中の活動も八年目を迎え、囲炉裏端で語りたい、老人施設で語りたい、小学校で語りたい、願いは一つずつ叶ってまいりました。

それから、最後になりましたが、釜石の特徴の一つなのですが、この小さな町では東西南北話す方言が違います。釜石はほとんど旧南部藩で南部弁が主流なのですが、南端は旧伊達藩で気仙弁が使われ、北の沿岸部は北前船の寄港地として北前弁が使われ、西は昨年世界遺産になった橋野鉄鉱山のある遠野街道の橋野弁、甲子川添いの甲子弁、また、町の中心部は大きな企業の新日鉄住金製鉄所があり、転勤家族が多く、日本全国から沢山の言語が持ち込まれ、独特の社宅弁が出来上がりました。

漁火の会も、それぞれ微妙に違う地域の言葉が乱れ飛んでおります。

　そんな中で、須知会長は、「けっして会長の言葉遠野弁をまねして語るのでは無く、日常自分が話している言葉を使って、それぞれの民話を語るように」と言ってくださいます。

　その御蔭で、会員は自分弁で、のびのびと地元の民話を語り、同じ民話でも、語り手によって言葉も、味わいもそれぞれに異なるお話になっております。

　民話を学ぶのは、人間力を学ぶことなのではないかと思うようになりました。文字の無い時代から生き抜く力のバトンを、未来の子どもたちにリレーするのが、今生かされている我々の役目なのではないかと思っております。

エッセイ

語り継がれて生きる民話

山本　亜季

一　きっかけ

「かなしくて、おかしくて、おっかない」

それが子どもの頃に東北出身の母から聞いた民話の印象でした。寝る前のお楽しみで、絵本や伝記、子ども向け小説など様々なお話を聞かせてもらいました。その中でも、民話の存在は特別でした。温かく重みのある方言で語られるお話に、遠いご先祖様の表情が見えるような気持ちになったことを覚えています。お墓を掘り起こすような、かさぶたを剥がすような、見てはいけないものを見るような感覚があって、一人で本を開くことができませんでしたが、不思議と魅力を感じていました。

民話と再会したのは大学生になってからでした。子どもの頃になぜ民話に惹かれたのか、向き合って正体を知りたいと思い、石井正己先生のもとで宮城県の民話研究を始めました。研究を進めていくうちに、民話の奥深さに触れるとともに伝承の場が失われつつある実態を知りました。思想や文化が凝縮された民話をもっと知りたい、次の世代にも伝えていきたいと思い、宮城県の小学校教諭となり、名取市と南三陸町の小学校に勤務しました。石井先生は「宮城と結婚したつもりで頑張って！」と明るく送り出してくださいました。

二　小学校での取り組み

小学校で民話を語る際は、いつも二つのことを心がけてきました。

一つ目は、「見て聴く」ことです。聴くのはもちろん耳ですが、語り手の表情や身振り手振りには言葉に表せない情報があります。耳と目を使って聴くことにより、言葉の意味を深く理解したり、言葉から事象を想起したりする力が育ちます。また、聴く力は話す力と相関関係にあります。相手をよく見て聴くことで、語彙も豊かになり、自分の気持ちや考えを分かりやすく伝えられるようになります。

二つ目は、学級全体で民話を共有することです。核家族化が進む中、昔の生活や考え方に触れたり、みんなと同じ世界観を分かち合ったりする機会は貴重です。一緒に笑ったり、怯えたり、驚いたり、腹を立てたり、感じたままの気持ちを思いきり表出することで、自分や他人の気持ちに気づくことができるようになります。また、民話には「ほんとうにあったのかな」「その後どうしたのかな」と振り返る楽しみもありますので、教訓的なお話に偏ることなく、子どもたちの様子に合わせて選ぶようにしていました。

学級で語る以外には、民話を教材化したり、語り手の方をゲストティーチャーとして招いて語っていただいたり、様々な試みに挑戦させていただきました。以下に小学校での主な実践を紹介します。

①　場面転換として

休み時間が終わって、これから授業が始まるという時に民話を語りました。教員一年目の時にみやぎ民話の会の方から、「思い切り遊んだ子たちの汗も引いて、落ち着いて授業を始められるよ」とアドバイスをいただいたのがきっかけでした。初めの頃はザワザワしたり、時間に遅れたりする子もいました。それでも続けていると、いつの間にか全員教室に戻ってきて耳を傾けるようになり、スムーズに授業を始められるようになりました。気持ちの切り替えだけでなく、話を最後まで聞く力も身についたように感じました。

②　季節に合わせて

全国各地で行われている行事から地域特有の行事まで、季節ごとに様々な行事があります。しかし、家庭の事情により鯉のぼりやお雛様、お月見など代表的な行事をしたことがない子、知らない子が増えてきています。「忙しくてそれどころではない」「やらなくても生きていける」と、代々受け継がれてきた文化は後回しになりがちです。それならば、せめてお話だけでも……と、行事の由来に関するお話や工作をしました。行事に込められた願いを知ることで、他の行事にも関心を持ったり、習ったことを家族に伝えて家庭で取り組んだり、季節を感じるきっかけになったようです。家庭や地域の仲を深める機会として、四季折々の行事を見つめ直したいものです。自戒を込めて。

③ 子どもから子どもへ

国語の発展学習として取り組んだ二年生での実践です。一年生に発表することを目標に、地域の民話の会の方から、いくつかのお話を聞き、各自が好きなお話を一つ選んでグループとなり、紙芝居や劇にして伝える活動をしました。子どもたちは様子や内容がどうやったらうまく伝わるか、試行錯誤を重ねていました。発表では緊張したものの、気持ちを込めて読んだり、堂々と演技したりすることができました。聞き入ったり、驚きの声を上げたりする一年生の素直なリアクションに、伝える工夫を知るとともに達成感も味わえたようでした。

④ 図工の教材として

図画工作で想像した生き物を絵や半立体で表現する一年生での実践です。地域の民話の会の方から、「狐壇」「大蛸伝説」「神割崎伝説」という地域を代表する三つのお話を聞いて、各自で表したいお話を一つ選び、登場人物を想像して表現しました。イメージに近い表現ができるように、材料は色紙、フェルト、毛糸など自由に使えるようにしました。子どもたちは生き物の大きさや手触り、気持ちなどについて、自分なりに想像をふくらませながら材料を選び、思い思いの表現を楽しんでいました。鑑賞活動では友達の工夫や表現の良さを発見したり、自分と異なる感じ方に気づいたりすることができました。

仕事以外では、石井先生からご紹介いただいた「みやぎ民話の会」に参加させていただきました。山元、名取、塩竈、南三陸、角田などたくさんの語り手の方からお話を伺ったり、録音したお話を文字に表したり、貴重な経験をさせていただきました。

三　終わりに

東日本大震災から五年がたちます。建築費の急騰や長引く工事で集団移転が難航し、便利で仕事のある都市部への人口流出が止まりません。被災地の方々を勇気づけてきた復興商店街も、ボランティアや見学客や住民の減少により厳しい状況です。生活するために経済的基盤となる持続可能な生業が求められているのは確かです。しかし、カネやモノだけでは本当の復興は実現されません。これからの復興を考える上で、被災地となった東北地方固有の精神文化にもっと着目すべきではないでしょうか。

東北地方は古くから度重なる自然災害に見舞われてきました。しかし人々は厳しい環境に屈することなく逞しく、知恵をはたらかせて生き抜いてきました。民話にも自然をおそれるだけでなく、時には立ち向かい、対等の関係を結んできた様子が語られています。そんな東北地方固有の精神文化を支えてきたものは何か考えてみると、それは土地の神様やご先祖様、そして人の心といった、目に見えないものに対する畏怖の念ではないのかと思い至ります。

人生の岐路に立たされた時、生まれ育った地や記憶を振り返ることがあります。そんな時に、自分のルーツを知る手がかりの一つとなるのが民話です。東日本大震災の直後、家を流され、身内を失った語り手の方々にお会いする機会がありました。どんなにつらい思いをされたか、胸中を察するに余りあります。それでも、皆さんが「みんな失った。しかし民話が残った。これからも語ることで故郷に恩返しをしていきたい。」とお話しくださいました。絶望も混乱も乗り越えた姿に東北の人々の強さと誇りを感じました。胸に残された民話を通して、被災された方々が東北地方に生きる意味を見つめ直し、力強い一歩を踏み出せることを願っております。

民話はその時代を生きた人々の証言です。どんな民話にも根拠があります。でたらめだとか昔のことだとか、甘く見てはいけません。今起きていることも語り継がれていくうちに民話になります。今を生きている人間として、声なき祖先からの声に耳を傾け、「あったること」として語り継いでいきたいと思います。

参考文献

・『津浪と村』山口弥一郎著、石井正己・川島秀一編、平成二三年六月二〇日、三弥井書店
・『二〇一一・三・十一　大震災　大津波を語り継ぐために』みやぎ民話の学校実行委員会編、平成二四年三月一一日、みやぎ民話の会
・『震災と語り』石井正己編、平成二四年一〇月一二日、三弥井書店

エッセイ

昔話のデータベース化

―秋田の昔っこを伝えるために―

丸谷　仁美

秋田県では、平成二二年度から二四年度までの三年間、文化庁の助成を受け、「昔話・伝説・言い伝えなどによる地域活性化事業」という取り組みを行いました。

各地には昔から口づたえに伝えられてきた昔話や伝説があり、秋田県でも八郎太郎や辰子姫など特徴のある話が数多くあります。それらは各地の方言で語られ、地域ごとの味わいが感じられます。

しかしながら、急速な生活様式の変化によって、昔話や伝説の中には、忘れられていくものも増えてきました。

現在残されている昔話や伝説が忘れられる前に整理することと、その魅力を県内外に伝え、秋田県の宝になることを知ってもらおうという思いが、今回この事業をおこなった目的でした。

そこで、昔話や伝説を集約するデータベース作りと、昔話に関するイベントの実施の二本立てで事業を行うことにし、民俗学や方言学、情報処理等の分野の学術経験者で外部有識者委員会を作ってデータベースと今後のイベント等の内容について検討することにしました。

データベースは、まず県内図書館の蔵書から、昔話、伝説、世間話が載っている書籍や雑誌を選ぶことから始めました。約五〇〇冊の中から昔話や伝説に関する話を抽出し、それぞれの話について話型や文体、あらすじ、出典など二二項目の情報を入力します。入力作業に協力いただいたのは、秋田大学を中心とした学生と、あきた民話の会をはじめとする県内各地の民話の会の方々です。民話の会の方々には、昔話や伝説に関する文献資料の情報などもいただき、貴重な話もデータベースに反映することができました。その結果、現在約七〇〇〇話の昔話、伝説、世間話がデータベースにおさめられています。

データベースに親しんでもらうために、昔話や伝説の絵も入れることにしました。あきた民話の会前会長、石渡力造さんの作った紙芝居二五話分を公開しました。

また、伝説には必ず舞台となる場所がありますから、その場所や話を地図からも探すことができるようにしました。例えば地図の画面上で「八郎太郎」を検索すると、八郎太郎に関する話が県内のどの地域に分布するかを見ることができます。

竜の化身となった八郎太郎は秋田県と青森県の境にある十和田湖を追い出され、放浪の末、八郎潟に落ち着きます。やがて県南部の田沢湖にすむ、やはり竜になった辰子という娘と恋仲になり、冬の間は田沢湖で辰子と一緒に過ごすようになるのです。地図上の分布図を見ると、八郎太郎の足跡を辿ることができます。

データベースにはナビシステムもついていますので、伝説の舞台となった場所に実際に行くこともできます。このような機能を活用して、伝説ツアーを二回実施しました。私たちの身近にあるありふれた森や木も、そこに付随した物語を聞くと特別な場所に変わることが分かり、伝説ツアーは参加した方から大変好評をいただきました。

この他にも、データベースに引用した物語の原文を一部PDFで掲載したり、その話を語っている音声を聞いたりすることができるようにしました。秋田県でも地域によって方言が異なりますから、同じ物語でも県北部と県南部とで違う趣を感じていただけると思います。

このようにデータベースを整理すると、県内の昔話や伝説の概要がある程度分かってきました。その成果を踏まえ、外部有識者委員会による講演会やシンポジウムを五回、民話の会の方々による昔がたりの会を六回開催しました。昔話や伝説は本来、口づたえに伝えられてきたもので、語る人のしぐさや表情、あいづちなどの全てが語りのための大切な要素になります。本事業ではできる限り民家などの小さな会場を選んで、語り手と聞き手の距離を縮めるようにしました。また、方言に親しみのない小さな子どもたちを対象にした昔がたりの会も何回か設けました。このことは、子どもと大人に対する語り方の違いなどについて考える機会になりました。

こうしたイベントなどから、昔話や伝説が秋田県を特徴づけるものであることが再認識されましたが、多くの人にわかりやすくそのことを伝えるためにはどうしたら良いか、特に、昔話や方言になじみのない今の子どもたちに伝える手段については、講演会やシンポジウムで何度も話題になりました。

シンポジウムでは、外部有識者委員会と、会場にいた方々との活発な意見交換がなされました。会場には県内外の民話の会の方々や、方言について研究している方々が集まってくださったのですが、民話の会の方々が普段昔がたりを行う上で抱いている問題や疑問について、ざっくばらんに語りあうことができたと思います。一年目のシンポジウムでは、本来は家庭の中で伝えられてきた昔話が、現在は語り手が舞台の上で演じるように語ることの違和感などが問題になりました。その後何度も意見交換の場を持つうちに、語りの場の問題昔話や伝説を方言で語り伝えることの大切さの方が浮き彫りになっていきました。正しい方言でなくても良いし、子どもたちに語るには年齢に応じてやさしい方言で語っても良いのではないか。大切なことは、子どもたちが小さな頃から方言に触れる機会を作ること、そのために、昔話や伝説が方言を使うための大切な装置になることを認識することです。昔話や伝説には、ふるさとの言葉を知るだけでなく、秋田県の人々が連綿と積み重ねてきた暮らしの様子や生活の知恵などが詰まっており、人々がふるさとを認識するための大切な役割があります。そのことを多くの人々が気付くことができれば、昔話や伝説は地域を活性化するための装置になり得るのではないのだろうかという結論に至りました。

三年間の事業で、県内に伝わる昔話や伝説の価値が再認識されました。現在も、民話の会は積極的に昔がたりの会を行っています。今後必要なことは、これらの活動を継続し、より多くの人々に昔話や伝説の大切さを知ってもらうことでしょう。そのためには時に行政も協力して、秋田の宝である昔話や伝説を守り続けることが必要です。先の見えない話ではありますが、今回の事業で少し見えてきたこの小さな道筋を今後も絶やさないように努力をしていきたいと思います。

なお詳しくは、秋田の昔話・伝説・世間話　口承文芸検索システムホームページ（http://namahage.is.akita-u.ac.jp/monogatari/）をご覧下さい。

エッセイ

昔語りを子どもに

間中　一代

昔話との出会い

私は幼い頃、祖父母や母から昔話を聴いて育ちました。三人三様の語りでした。祖父は若い頃、歌舞伎役者として舞台に立っていたので、話の佳境には身振り手振りが付いていたのを覚えています。山んばが出て来る話で、追われている女が山んばに帯を投げると川になる場面では、スローモーションで空中に向かって投げる仕草をしました。東京生まれの祖母は、宮城県生まれの曾祖母から聴いた話を標準語で語ってくれました。母の昔話は教訓を含んだ話や神話、世間話など多岐にわたっていました。家の中で聴いた話もそれぞれでしたので、今、私は語り口にこだわらずに自由に語っています。

語りの場は居間の食卓で、冬は炬燵。祖父からはお風呂の中でも、母からは寝床でも聴きました。聴いた話を思い出す時、話の情景は勿論のこと、それを話してくれた時の祖父母や母の表情が浮かんできます。祖父の話は風呂場の薪の匂いまでも蘇って来て懐かしく楽しい気持ちになれます。家庭で昔話を聴く子どもは、話の中身ばかりでなく語ってくれている人と共にいることの幸せを感じながら聴いているのです。皆さま、どうぞお子さんに沢山語ってあげてください。

私を立ち直らせてくれた昔話

若い頃、小学校の教員をしていましたが、出産で双子の一人を亡くし、体調が戻らず教職も辞し、前向きになれなかった時期がありました。育児に追われ、亡くした子どものことを忘れていく自分に気付いて、自分を責めてもいました。そんな時、県内の語りの会で「いたちの子守歌」の語りを聴きました。幼いわが子を失った母親が、いたちの歌う子守歌を聴く場面「おっかあは泣いて泣いて泣きつくして、その子守歌に慰められて、傷口に薄っ皮張るみたいに、そうさ、湯のさめるように忘れるようになって行っただと」という下りを聴いた時、涙が止まりませんでした。そこには、悲しむ母親を包んでくれる優しさと赦しがありました。この話を聴いたことで、やっと前を向いて歩き始めることができました。人の心を救う力のある昔話、先人の知恵の集積としての昔話を語り継いでいく人になろうと決めたのです。

小学校教員時代の語り

これが私の語り手としてのスタートラインだと思っていたのですが、近年、私の語りの会に足を運んでくれた教え子が口を揃えて、「先生の語りを久しぶりに聞きました。」と言うのです。

小学校の教員をしておりました頃、折々に昔話をしていたのです。教職に就いて初めて担任した教え子は、「学年朝会の時に体育館で聴いた『泣き虫ばあ様の話』が忘れられません。」と言います。この話はテレビ寺子屋でお馴染みだった吉岡たすく先生の本を読んで覚えたものでした。一字一句を暗記して語ったのではなく、筋を話したのです。心の持ちかた一つで世界が変わることを伝えたくて、思い入れ深く話して聞かせたことは覚えていました。また、古民家での夏の怪談語りの会に来た教え子は、「先生の『番町皿屋敷』がまた聴きたいです。」と言うのです。話したことすら忘れていましたが、祖父から聴いた話を教室で話していたのです。

日々教室で子どもたちに接している先生方には是非、自然な自分の言葉で子どもたちに昔話を伝えていただきたいと思っています。

学校での語り

これまで八〇校近くの学校で昔語りをしてきましたが、語る時には必ずその学校の近くに伝わる話をプログラムに入れることにしています。昔話の中でもその地で伝承されてきたものには子どもたちに身近な地名や山が出てきて、地域を知る糸口になり、郷土愛にも繋がります。郊外のショッピングセンターが立ち並ぶ辺りが、「むかしは人も住まない淋しい野っ原だったと。」という表現にすら、子どもたちは強い印象を受けて感想に書いて来ます。

市内の学校で、村人との太鼓合戦に負けてお腹が割れて死んだ狸の話「さぎ草原(しょっぱら)の狸」を語っておりましたところ、子どもたちから「狸さんはいたずらしただけなのに死んでしまってかわいそうです。」「狸さんを助けて下さい。」という感想が寄せられました。それからは、語り終えた後で、「おばさんが新しい話を創りました。最後だけが違います。」と前置きして、「次の日、腹の皮をぶっつぁいた古狸がうんうんうなっていたので、救急車でとちの木病院に運んで、腹の皮を縫い合わせてもらって命拾いしたんだとさ。めでたし、めでたし、おしまい。」と語ると、子どもたちはほっとしたように笑顔を見せ拍手してくれます。小さい子どもにはハッピーエンドの話を伝えたいものです。病院の名前は語りに行く学校の最寄りの病院にその都度変えています。本来の伝承は変えられませんが、枠の外で子どもたちと楽しめる工夫をすればいいのではないでしょうか。同じ話を、保育園や子育て支援センターでは、狸と人間の太鼓合戦のところで、狸のチームと村人のチームに分けて、腹鼓のポンポコ　ポンポコ　と太鼓のドンドコ　ドンドコの掛け声で競わせ参加型の語りにしています。

昔語りのプログラム

学校で語る話は、朝の読書の一五分間での昔語りであっても、地域に伝わる短い伝説を一つと昔話を一つ語っています。読書週間や国語の時間などの一時限の語りの場合は、正味三五分から四〇分として、最初に短く面白い話で子どもを昔語りの世界に誘い、次に地域の伝説、季節の昔話を含めての長い話を三話、最後に止め話をすることにしています。

難しい言葉の問題

生活が変化している今、厠はおろか便所すら通じないこともあります。囲炉裏など見たこともない子も多いでしょう。文脈の中で理解すればいい、大きくなってから「ああ、このことだったのか」と理解した経験もおありのことと思います。ですが、話の展開の上でのキーワードを語った時、大半の子どもたちが、？の表情をした時には、すぐに言い換えるようにしています。「食わず女房」や「古屋のもり」に出て来る梁は、「梁っていうのはね、天井のところの横になった太い木のこと。」と言い換えます。それが方言なら、尚更です。福島の昔話を語っていた時「野郎っ子」と言って不思議な顔をされた時は、即座に「野郎っ子って言うのは、男の子のことよ。」と説明しました。昔語りというのは対面で伝えられてきました。テキスト通りでなくてよいと考えています。

思いを伝える

幼い頃、母の話の中で一番好きで何度もせがんで聴いたのが、「ふうふう、ぱたぱた、あちち」の話でした。小僧三人がいる寺の和尚さんはけちん坊で、頂き物を何でも独り占めにしてしまいます。美味しそうな餅を分けてもらいたいと思った三人の小坊主は、「ふうふう、ぱたぱた、あちち」と名前を変えて、餅を分けてもらうという小僧改名の類型の話です。最後に和尚さんが改心して、めでたしめでたしで終わります。この話を楽しい話として長いこと学校で語って来ました。最近、母は通っているデイサービスで他の利用者の方々に向けて昔語りをするようになったのです。先月別な会で五〇年ぶりに聴いた母の話は私の語りとは随分違っていました。和尚さんが餅を食べる様子を「押入れに首を突っ込む様にして食ってる。」と細かく語り込んでいました。母は話の後に「この話を小学校一年生の時に担任の先生から初めて聴いた時、ああ、小坊主さんたち、かわいそうだな。かわいそうだな。お餅が食べられたときは本当に良かったなと思ったんですよね。私の家には学校も終わったか終わらないか分からない小僧さんたちが奉公に来ていたので、その子たちとこの話の小坊主が重なってね、この話を肝に銘じて座右の銘にしたんですよ。」と付け加えていました。母の深い思いなど知らずに楽しく語っていた自分が恥ずかしくなりました。

先生方、お母様方。その時その時、自分の心に響いた昔話を子どもたちに語り伝えてください。聞いた時には分からなくても、思いはきっと伝わるはずです。

参考文献

・『間中一代さんの栃木語り』野村敬子・霧林宏道共著、瑞木書房、二〇一五年
・『読んであげたいおはなし（上）』松谷みよ子、筑摩書房、二〇〇二年
・『子どもとお母さん』吉岡たすく、雷鳥社、一九八八年

エッセイ

地域のなかで千葉の民話を語り継ごう

根岸　英之

千葉県は、東北地方のような本格昔話は、あまり多く語り継がれていませんが、温暖な気候と、海、山、里などの起伏に富んだ土地柄からか、神話的な話や、日蓮聖人などの伝説、海や山を舞台にたこやきつねの活躍する話など、比較的おおらかな民話が、語られてきました。

こうした話を語り継ぎたいと思ったとき、身近に語ってくれる人がいると、その語りを聴いて、自分も語れるようになるのが、望ましいことでしょう。しかし、なかなかそういう機会に出会えない人にとっては、本を通して知ることも取り組みやすい方法でしょう。以下のような本が、語りの手がかりになります。

・千葉県文学教育の会編『千葉のむかし話』一九七八（昭和五三）年　日本標準
・千葉県文学教育の会編『続　千葉のむかし話』一九八〇（昭和五五）年　日本標準
・川端豊彦・金森美代子編著『房総の昔話』一九八〇（昭和五五）年　三弥井書店
・日本児童文学者協会編『千葉県の民話』一九八〇（昭和五五）年　偕成社
・安藤操『ふるさと千葉県の民話』一九八〇（昭和五五）年　千秋社

『千葉のむかし話』は、

・「千葉のむかし話」編集委員会編『読みがたり千葉のむかし話』二〇〇五（平成一七）年　日本標準

として改訂出版されています。内容は同じなのに、題名に「かたり」が付け加えられている点に、「語り継ぐ」時代的要請の深まりを感じることができます。

同様に、「語り」を理念にした次のような本も出版されています。

・野村純一監修・飯倉義之編『ふるさとお話の旅3　千葉』二〇〇五（平成一七）年　星の環会

・小澤俊夫監修・南総昔ばなし大学再話コース再話『子どもに贈る昔ばなし　千葉わらい』二〇〇五（平成一七）年　小澤昔ばなし研究所

このような出版物を見ても、一九八〇年代は、読み物風な再話本が多かったのに比して、二〇〇〇年代以降は、「語り」を意識して、テキストが作られていることが分かります。

千葉県文化振興課では、民話の継承・保存のため、二〇〇三（平成一五）年度から「民話事業」を展開し、二〇〇八（平成二〇）年度には、県内各地域の語り手に語ってもらった民話を録音、翌年度に、その集大成として、五八話をCDに収録し、県内の図書館や学校などに配布しました。

・千葉県文化振興課企画編集発行『語り継ごう千葉の民話集』全六巻　二〇一〇（平成二二）年

このCDは、千葉全域の語り手による肉声の語りを聴くことができるので、ぜひ聴いてみることをお勧めします。ここでの語り手は、「伝承の語り手」もいれば、本を通して覚えた「現代型の語り手」もいると思われます。

一九六八（昭和四三）年生まれの私

は、東京に近い市川市に生まれ育ち、市川民話の会の会員として活動していますが、このCDに、私の語りも収められています。

私は、小学生の頃から、郷土史的なものに関心があり、明治生まれの古老から、直接、お話を聴かせてもらっていました。その語り口調は、今でも耳たぶに残っています。小学六年生のとき、市川民話の会が刊行した『市川のむかし話』一九八〇（昭和五五）年を手にし、さらに、地元の民話に興味を持つようになりました。

市川市というと、江戸川をはさんですぐ東京に接する郊外ベッドタウンのイメージが強いかもしれませんが、『万葉集』に詠われた「真間の手児奈」伝説をはじめ、デーダラボーの巨人伝説、平将門や日蓮聖人の伝説、「いんねえのじゅえむ」というおどけ者の笑い話、きつねやむじなやねこが出て来る話など、実に多くの民話が伝わっています。

市川民話の会は、一九七八（昭和五三）年に発足しました。当初は、市川に暮らし続けてきた方に話を伺い、それを記録に残すことが活動の中心でした。教育委員会より一九八〇（昭和五五）年に『市川の伝承民話』という資料集を発行し、現在、二〇〇四（平成一六）年の第八集まで刊行されています。


『市川の伝承民話』は、地元の方が語ってくれた話をテープ起こしの形で収録した資料集で、伝承的な語りの様相を知るのに、とても有益な本です。私も、この本を元に、かつて聴いた古老たちの語り口を重ね合わせながら、語ることが多いです。

一方、先に紹介した『市川のむかし話』は、子どもでも読んで理解できることを目指した、読み物風な再話集です。永らく絶版となり、再版の要望が高かったことから、一九九〇（平成二）年に出された『続　市川のむかし話』に収録された話と合わせ、より「語り」を意識した形で、次のような本として出版されました。

・市川民話の会編集発行『改訂新版　市川のむかし話』二〇一二（平成二四）年

市川民話の会の活動も、地域の方から伺った話を記録することから、やがて、民話の会のメンバーが、学校や公民館などからの要請で、民話を語ることが多くなりました。また、小学校でも、児童が語る学習が増え、その学習支援に伺うことも増えてきています。『改訂新版　市川のむかし話』は、こうした昨今の「語り継ぐ」関心に対応した出版物といえるでしょう。

一時期、昔話（民話）の語り手は、「伝承の語り手」（本を介さず、家族や近隣の知り合いから、子ども時代から聴いてきた話を、年を経て、自分の身体に刻みつけ、昔聴いた話として語る語り手）と、「現代の語り手」（主に文庫活動などから本を介して話を覚え、それを主に子どもたちに語る語り手）を、二項対立的に捉える時期がありましたが、今や、そのような二項対立的な「語り」は、あまり実態にそぐわないように思われます。

「伝承の語り手」も、本を通じて覚えた話を語ったり、「現代の語り手」も、知り合いから聴いた話を語ることもあります。私自身も、「伝承」的な語りと、本などからの知識を織り交ぜて語っています。市川民話の会の仲間も、本を元に語ることが多いですが、他の会員の語りを聴いて、自分の語りに工夫を加え、語り換える積み重ねをしています。

ただ、私の場合は、市川に伝わってきた話を、市川に住む人たちに聴いてもらいたいという思いを強く持って語っています。市川以外の昔話を語ることもありますが、むしろ、地域の民話にこだわって「語り継ぐ」ことを使命と考えています。それは、地域の民話は、地域の住民が、地域のなかで語り継いでいくことが、文化の継承として重要だと考えるからです。

文字に記録されるだけでなく、「語り」「聴く」関係の中で享受することで、その話の持つ意味が感じ取れるように思われます。昔話（民話）は、単に「話」がむき出しで存在するのではなく、それを語る「語り手」の思いが入り込み、その話を語り伝えてきた「地域」の民俗風土のようなものが織り込まれているといえるでしょう。皆さんも、生身の身体を通じて、地域の昔話（民話）を語り継いでいかれてはいかがでしょうか。

市川の民話の語りの様子を知りたい方は、以下の文章を読んでいただければと思います。

参考文献

・根岸英之「語りの〈場〉としての図書館」石井正己編『子どもに昔話を！』二〇〇七（平成一九）年、三弥井書店
・根岸英之「地域の民話を子どもたちに」『語りの世界第五二号』二〇一一（平成二三）年、NPO法人語り手たちの会
・根岸英之「「災害伝承」を語り継ぐこと―千葉県市川市での実践から」『昔話伝説研究第三三号』二〇一四（平成二六）年、昔話伝説研究会

エッセイ

岡山での小さな挑戦

立石　憲利

昔話は、祖父母から孫へ、父母から子へと長い間語り継がれてきました。子どものころに、昔話を感動しながら聞き、話の筋を記憶し、また、調子のよい言葉は、そのリズムをちゃんと体で覚えています。

子どもから成長し、自分が、子や孫を育てる時になると、子どものころの感動を思い出して、子や孫に語ってやろうと考えます。自分が聞いた話の筋に、自分の体験を重ね合わせて語ります。もちろん、自分が日常用いている言葉で語るのです。

こういう昔語りをいまでは「伝承の語り」と言っています。昔話を語り継ぐとき、この伝承の語りを無視するわけにはいかないでしょう。

昔話は語りで活きる

私は、子どものころ、両親からたくさんの昔話を聞いて育ち、高校生のころから今日まで六〇年間、昔話（民話）の採録（約八〇〇〇話）を行ってきました。

以前は、お年寄りの大方の人は、何話かの昔話が語ることができました。それが一九七〇年代になると、次第に採録が困難になってきました。消え去ろうとする昔話を記録して残すことは大切なことだと、力を注いできました。同時に、記録だけでよいのだろうか、昔話は実際にいきいきと語られてこそ、昔話の本来の姿があるのではないかと思うようになりました。

子どものころ、父や母から、いっしょの寝床の中で聞いた昔話。あの時の幸せな気持ちは、いまでも忘れることができません。

親と体をくっつけて昔話を聞く。親の体の温もり、心臓の鼓動、聞き慣れた声や口調……別の言葉でいうと親の愛情をたっぷり受けながら昔話を聞いたのです。次はどうなるのかとわくわくしながら、恐い話は親にすがりつき、笑い話に笑いころげながら、あっという間に時間が過ぎました。

どなたでも、子どものころ、両親の膝やふとんの中で、絵本を読んでもらった経験がおありでしょう。その時のことを思い出してください。本を読んでもらう時には、本という仲介物がありますが、語りは親と子の間には何もありません。

立石おじさんの語りの学校

昔話が語られなくなって、半世紀近くになります。昔は、ほとんどの家庭で、どんな祖父母や父母でも語っていました。それが、テレビの普及に象徴されるように暮らしの様相が一変したことによって、昔話の語りも消え去ってしまいました。

しかし、昔話を聞いたときの、あの幸せ感を失わせてもよいのだろうか、決して失わせてはいけないと思ったのです。

私には、二人の娘がいます。三歳から小学校三年生ぐらいまで、よく昔話を語って聞かせてやりました。子どもも喜んだし、親自身が、幸せになり、親を自覚するようになりました。

娘と同年代の子どもたちに聞いてみると、ほとんどの子どもが昔話を聞いたことがありませんでした。そこで娘と同じ体験をさせてやろうと、娘の通う小学校で語りを始めました。一九八〇年代になったころからです。一年生から六年生まで各学年で語り、各町内で行われていた夏休みのラジオ体操の会場で、体操後三〇分ほど語りました。子どもたちから、たいそう喜ばれました。小学校での語りは今日も続いています。

そんなことから語りの場が次第に拡がっていき、一人では対応できなくなりました。

退職を機に、語り手養成のための「立石おじさんの語りの学校」を本格的に開くようにしました。学校は一回二時間で六回の講座で修了です。昔話の基礎理論と語りの実技を行い、誰でも語れることを目指しています。

今日まで五〇か所以上で開き、修了生は一〇〇〇人以上になります。修了生を中心に語りのグループを結成、勉強を続け、積極的に語りの活動を行っています。幼稚園、保育園、小学校、子ども会、図書館、公民館、老人施設、老人サロンなどなど。

それぞれのグループが、お互いに学び合い交流しようと、岡山県語りのネットワークを結成。現在、二一グループ、二一〇人が参加しています。二〇一五年度に、所属しているグループが語った昔話を聞いて下さった方が約六万人になりました。

語りの学校などでは、①岡山県の昔話を語りの中心にする。②岡山の言葉（方言）を大切にし、自分の言葉で語る。③もとの話を全部暗記して語るやり方はしない――などを基本にしています。

語りに挑戦してみよう

初めて語りをしようという場合、どうしたらよいのでしょう。岡山県内では、「語りの学校」があるから、それに参加すればよいのですが、それでも、いつでも、どこでもというわけにはいきません。

そこで語りの学校で話していることを箇条書きにしてみました。参考にして語りに挑戦をして下さい。

①まず昔話（民話）の再話集（伝承されてきた話をあまり変えないで読みやすくしたもの）を、一冊か二冊全部読んでみる。すると昔話がどんなものかが分かる。

また、出来たら昔話資料集（調査報告書）を読む。もとの話が、どんなものか分かる。これらは、地元のものを中心にする。

②本の中に出てくる話で、短い話で気に入ったものを選び、最初の語りに用いる。最初から長い話は選ばない。選んだ話を、子どもに聞かせる気持ちで、声を出して何回か読む。四、五回読むと筋は覚えられる。一字一句を覚えない。

③歌のような調子のある言葉は、どう語ったらよいか練習する。例えば「おむすびころりん」の話で「おむすびころりん、すっとんとん」など。

④昔話の語りのＣＤなどがあれば、それを聞く。できれば伝承の語り手のものがよい。聞くと、語りとは、こんなものかと語ることに抵抗がなくなる。③の調子のある言葉も、その調子がよく分かる。

⑤筋を覚えたら、話の情景を思い浮かべながら、自分の言葉で語ってみる。子どもに語るつもりで、五、六回繰り返すと、言葉の言い回しなどもよく分かる。

⑥どうにか語れるようになったら、家族に聞いてもら

い、感想を聞く。人前で語るうえで、重要なステップ。
⑦短い話が何話か語れるようになってから、少しずつ長い話に挑戦する。
⑧一人だけでなく仲間とグループを作って、月一回程度、語りの練習などをする。
⑨語りは、最初は、何人かで一話ずつ語るのがよいが、少し慣れると、一人で一定時間を語れるようにする。そのためには、五話、一〇話ぐらいは、いつでも語れるようにする。全部暗記するやり方では、覚えるのがむずかしい。⑤のやり方を大切にする。
⑩語りは、語り手と聞き手の共同作業で成立する。子どもたちの表情や相槌（うなづき）に合わせながら語る（慣れるとできるようになる）。
⑪語るときは、昔話に登場するものの気持ちになって。そうすることで自然に表情も声も活きてくる。
⑫自分の子どもに語ってやるような気持ちで語る。子どもには、「お前が好きだよ」、お年寄りには「ごくろう様でした」という気持ちが大切。
⑬服装にも配慮する。聞いてくださる方に失礼のないような服装をする。
⑭語りは、椅子に座って語るだけではない。立って語る（聞き手がよく見える、声がよく通る）ことや、少し動きながら語ることもある。また、所作（手や体の動き）も、聞き手に話を理解してもらう上で大切である。

エッセイ

昔話「瓜姫」を語り継ぐ

田中　瑩一

昔話を語る筆者・2010年
「ブックランド古志」（出雲市）にて

わたしが昔話に関心を持ちはじめた一九七〇年代半ばには、島根県では各地で明治・大正生まれの語り手の方たちに出合うことが出来ました。録音を文字化しようと何度も聞き返しているうちにいつしかわたしも語れるようになり、最近では「歌声喫茶『あらびか』」や「児童文学を読む会（童話を読む大人の会）」（いずれも松江市で開催）の語りのコーナーで定例的に語っています。

平座の語り

その際わたしが心がけているのは「平座（ひらざ）の語り」ということです。平座とは高座の対。舞台の上から観客に語りかけるような語りではなくて、日常会話と地続きの語りでありたいと願っています。語りの言葉もわたし自身の生活語の文脈から大きく離れることはありません。わたしが聞いてきた語り手の方たちもそうでした。方言といっても、その方にとっては生活語で、語りは日常生活の一部でした。

わたしは以前、こども読書会「ブックランド古志」（出雲市で開催）に一年ばかり通して参加し、昔話を語ったことがあります。何回か重ねたある日、ひとりの子どもが「ぼくも語る」と言って突然語り出しました。それを聞いたもうひとりが「わたしも」と後に続きました。嬉しい出来事でした。子どもたちが語ったのはいわゆる「学校の怪談」に類した話でしたが、「平座の語り」の場が成立していたからこそ、聞き手が同時に語り手になり得たのだと思います。

語りの口調と表現

わたしが出合った語り手の方たちには、それぞれに味のある語りの口調がありました。わたしがどれかの話をとりあげて語ろうとすると、当時その話を語ってくださった方の口調がよみがえってきます。もちろんわたしの中で消化した話をわたし自身の語り口で語るのですが、印象的な表現や方言の言い回し、語りのテンポや間（ま）、歌と地の文の転調のリズムなど、語りの機微とでも言うべきところは、ああ、これはあの方の語り方を承けているな、と自分で思いあたることがよくあります。

当時島根県で比較的広く聞くことの出来た昔話「瓜姫」の場合をとり上げてみましょう。

〇

隠岐・東郷町の井上さんは、川で洗濯をしている婆のもとへ瓜が流れて来る様子を次のような歌に託して語りました。

〽どんぶりかんぶり　こうぶしゃく
　ばばの口へひょっと入れ　じじの口へひょっと
　入れ

瓜は二つ流れてきます。初めの瓜を婆が食べ、「もう一つ流れて来い、爺に持って去（い）んでやる」と言うともう一つ流れてくる。物語の展開が前もって歌の中に暗示されているのでした。

〇

出雲・横田町の和泉さんは、瓜姫が機（はた）を織る様子を次のような歌に託して語りました。

〽じいさん　さいがない　ばあさん　くだがない
　ぎいしとん　ばあしとん

「くだ」は横糸になる織り糸を巻き付けた軸、「さい」はそれをはめ込んで縦糸の間を左右に走らせる木製の部品です。爺婆がそれを瓜姫のために整える。瓜姫はそれを使って、歌を歌いながら布を織る。……三人の穏やかな日常がこの歌を通して描き出されているのでした。

〇

石見・大和村の三谷さんの語りでは、あまんじゃくが瓜姫のところへやって来て、こんなやりとりをします。

「姫さん　姫さん　ここを指の入るほど開けちゃんさい」
「じいさん　ばあさんに叱られるけん　やあんだ」
「叱られりゃあ　ことわり言いてあげるけん開けちゃんさい」

これを繰り返して、あまんじゃくは、指から手、そして肩、さらに身柄(みがら)へと次第に要求をエスカレートさせ、ついに室内に入って来ます。こうした、反復表現によってスリルを盛り上げていく語り口は、当地の「瓜姫」の語りに共通してみられるものでした。わたしもそれを継承して語っています。

〇

それからあまんじゃくは、瓜姫を家の裏の柿の木原へ誘い、木に登って、柿の種や食べかすを瓜姫に投げつけます。そこを、同じ大和村の高橋さんは、次のような歌に託して語りました。

〽さあね　さあね　さあねんだ
　しゅうり　しゅうり　しゅうたんだ

「さあね」は種(さね)、「しゅうたん」は食べかす。いじめの現場から瓜姫の悲鳴が聞こえて来るような気がします。

残酷な場面をどう語るか

こうしてあまんじゃくは、瓜姫を梢に縛りつけ、代わりに自分が瓜姫になりすましてお殿様のところへお輿入れして行くわけですが、途中で正体が露見し、征伐されてしまいます。そのところの語り方は語り手によってさまざまでした。

石見・大田市の荊尾(かたらお)さんは、「おじいさん、おばあさんで征伐に行きました」とおおまかに語っていましたが、出雲・横田町の藤原さんは、これとは対照的に、「一頭の馬にあまんじゃくの左足を、もう一頭の馬に右足を縛りつけて馬を走らせたので、あまんじゃくの身体は引き裂かれて血が流れた」とまことに残酷なイメージで語っていました。ほかに「引き回されて血が流れた」と語る人もあれば、「尻を切られた」と語る人もありました。

いま、昔話「瓜姫」を継承して語るにあたってこれらのうちのどれを採用するか。わたしの場合、あっさりタイプの語りにとどめたこともありますし、残酷ムードで語ったこともあります。選択の決め手は、目の前の聞き手とのそのときどきのコミュニケーションの状況にあったように思います。相づちやうなづき、あるいは表情やざわめきその他の反応を手がかりに、わたしが無意識のうちに聞き手の志向を汲み取って、語りのスタイルを選択していたのだと思います。

終末部と結末句

ところで、その部分をどう語るにしろ、その後に続く次のような一節を、わたしは語り漏らしたことはありません。

「あまんじゃくの血が、茅原(かやはら)と蕎麦畑に流れたので、それで茅の根と蕎麦の根は赤いんだと」

わたしが聞いた「瓜姫」の語りには、ほとんど例外なくこの一節が含まれていました。これが島根県内の安定した伝承になっていたと言っていいと思います。血なまぐさいあまんじゃく征伐の語りとはかけ離れた、人を食ったようなこの由来譚風の結末が、昔話「瓜姫」の全体をなんとも風通しのよいものにしているとわたしは思います。

そういう気分になったところに忽然と、

「それ、むかしこっぽり」

と、結末句が告げられます。

以上、わたしのささやかな実践をふり返ってみましたが、わたしの語る「瓜姫」は、一九七〇年代半ばから二〇〇〇年頃に島根県で語られていたさまざまな語りのスタイルが、わたしのなかに流れ込み、溶け合って、改めてわたしの語り口となって生まれ出たものということになるでしょう。

これも一つの伝承の形だと言えるかどうかはともかく、もうしばらくわたしはこの実践を重ねて行きたいと思っています。

論考

日本民話の会と昔話

米屋陽一

プロフィール
所属　日本民話の会
専門　口承文芸学
代表著書
『口承文芸と国語・教育』

一　はじめに

一九六八（昭和四三）年、民話に興味を持ち始めた若者たちが集い、一九五〇年代の「民話の会」（木下順二他）のような活動がしたいと話し合いを積み重ね、翌六九年に「民話の研究会」は発足しました。一九八〇（昭和五五）年、「日本民話の会」に改称、現在に至っています。

現在の主な活動は、「例会」「語りの会」「語りの勉強会」「外国民話研究会」、各地の語り手を訪ねる聴き耳の旅の「採訪」、「民話散歩」「民話と伝承の旅」（国内・外国）などの他、伝承を絵本や再話として作品化する出版活動にも協力しています。会員は全国にまたがり、研究者、教育者、作家、画家のほか、映像作家、俳優、主婦、学生など幅広いです。

二　小澤重雄の仕事─語り台本から語りへ─

小澤重雄（会員・俳優・声優。一九二六〜二〇〇八）は、敗戦後、日本大学芸術学部入学、一九四八（昭和二三）年「ぶどうの会」入会、翌年「夕鶴」（木下順二）の公演にあたり、「運ず」の役を指名されました。キャストは「つう」山本安英、「与ひょう」桑山正一、「惣ど」久米明でした。若き小澤は、「「民話の会」に「夕鶴」が取りあげられ、広く歴史、文学、経済、社会等の各分野の研究家達から科学的歴史的に分析され理論づけられて、そこから広く民話の持つ意味が問題になり、我々は「夕鶴」上演の意義を再認識させられた。そしてもっと立派なものとして上演したい意欲をかきたてられた。」と述懐しています（「運ずを演じて」『綜合版夕鶴』所収・未来社・一九五三年）。

「ぶどうの会」が幕を下ろすと、小澤、桑山らは、劇団「民衆舞台」を創立しました。小澤は「いろり寄席」と称して、民話の語りを意識的に公演しました。そして、一九七三（昭和四八）年〜七五年（昭和五〇）の一年三ヵ月間、文化放送「桂竜也の夕焼けワイド」の中で「夕焼け民話」が放送され、小澤はその番組の構成（語りの再話＝台本作り）責任者になりました。準備段階からわたしに声をかけてくれ、原話（資料）探しと構成（執筆）を担当しました。東京・四谷の文化放送編成局に毎週一回通い続け、民話の会の数名の執筆者による集団討議が開かれました。語り手は小澤が中心ではありましたが、ゲストとして狂言師・野村万作、俳優・フランキー堺などの有名人や当時の若手歌手・小柳ルミ子など多彩な顔触れでした。この番組がきっかけとなって、テレビアニメ「まんが日本昔ばなし」が制作され、毎日放送の番組として放送されました。

小澤は「民衆舞台」を閉じた後、「浦和むかしむかしの会」を組織し、「浦和むかしむかし」を公演し、鳴り物との共演も試みてきました。

三　大川悦生の仕事―「あいづち」を打つ試み―

『日本民話読本』（実業之日本社・一九六六年）、『おかあさんの木』（ポプラ社・一九六九年）を刊行された大川悦生（会員・児童文学作家・民話研究者。一九三〇～一九九八）とは、六〇年代の終わりころ出会いました。大川に関しては、「伝統的な語り手・語りの場から新しい語り手・語りの場へ」の⑸大川悦生の仕事」（『昔話―研究と資料―』第三五号・日本昔話学会・二〇〇七年）に詳しく記しています。そこには記さなかったが、大川が主宰された「民話を語る会」に触れておきたいと思います。当時、大川は語りの場における「あいづち」を打つ意味や、その重要性を繰り返し提起し、自身の仕事を通して実践されていました。

「越後では〈サースケ〉か〈サンスケ〉という合の手を入れるところが多いが、しんとした雪の夜など、この合の手をうまく入れると、なんとも美しい語りのリズムができていく。…北魚沼郡の山村でばさたちの昔語りを聞いてから、この合の手が好きになり、東京・名古屋・沖縄など、各地の母親や子どもたちへ語りを聞かせるたびに、これを入れてもらう。」「おとなになると気恥かしさが先に立って、慣れるまでに時間がかかるものだが、子どもたちは全国どこの子どもでも、すぐに乗ってくる。昔話の楽しさを再発見するにも、これからの民話を教室や家庭の場で考えるにも、私たち自身がまず語ることをしてみなければならない。そのとき、一度忘れかけた古いならわしを、もういちど巧みに活用していく方法も、お互いの実践をとおして工夫すべきであろう。」（大川悦生『現代に生きる民話』NHKブックス・一九七五年）と、実践を振り返りつつ記しています。

伝承の昔話は形式にのっとってきちんと語り継がれてきました。「語り始め・冒頭句」「語り納め・結末句」の言葉とともに、語りの切れめ切れめに、「〜げな」「〜そうな」「〜てんがのう」など、伝聞の言葉が使われてきました。この言葉は、それぞれの土地の日常の言葉が長い年月のあいだに磨かれ、その土地の独特な語り口になっています。聴き手はその一句切れごとに、「あいづち」を打つのです。「ウン」「フン」「ハイ」は日常生活の中でもふつうに使用しますが、「ハート」「口にえぼしハァ」（岩手県）、「ハァーレヤ」「ゲン」「ゲイ」（宮城県）、「オットー」（山形県、岐阜県）、「オゥオッ」（山形県）、「フントコショ」（群馬県）、「サァーンスケ」（新潟県）、「サソー」（新潟県佐渡地方）、「ヘント」「ヘエト」（岐阜県、石川県）など、独特な、しかも語りの場のみでしか使用されないあいづちを打つのです。語り手は、あいづちを打たないと語らないのがふつうでした（日本民話の会編『決定版日本の民話事典』講談社＋α文庫・二〇〇二年）。

一九六〇年代半ば〜一九七〇年代半ばの聴き耳の旅で関わった、東北地方、関東地方、中部地方の語りの場で幾度も確認することができました。昔話の語りの場というものは、語り手が「語る」一句切れごとに、聴き手はすかさずあいづちを打つのでした。そのあいづちは、大きな声を張りあげるのではなく、語り手に顔と心を向けて軽く声を出し、聞こえる程度のあいづちでした。語りの場とは、語り手と聴き手の相互作用によってできあがるもの、両者が織りなすこの世でたった一回限りのできごと、なのだと実感したのでした。

四　渋谷勲の仕事①――「語りの会」発足に尽力――

渋谷勲（一九四二～二〇〇〇）は、民話の会の初代事務局長を無給で引き受けた人物でした。一時期「荒馬座」に席を置き、民俗芸能の分野にも関わっていました。民話以外の口承文芸にも関心を示していました。「語り」の他、「なぞなぞ」関係の著作も数冊刊行されています。渋谷は、伝承の語りの衰退は避けられない、語り手が健在なうちに新しい語り手の育成をいち早く提唱し、一九八七（昭和六二）年四月、「語りの勉強会」（毎月第四土曜日・本と人形の家）が発足し活動し始めました。伝承の語り手がそうであるように、暗記ではなく心のまま紡ぎ出すように語るのだと力説し、自ら語りの実践をしていました。三年後に渋谷から松尾敦子にバトンタッチされ、例会は夜間から昼間にかわり、松尾中心の体制になっていきました。発足から二〇年後、その間のことなどを面白おかしく松尾が綴っています（「日本民話の会・語りの会の事情」『聴く語る創る』第一六号「特集　近頃民話事情」二〇〇七年）。

二〇〇八（平成二〇）年、神奈川県川崎市立日本民家園から声がかかり、移築された古民家のいろり端で「お国言葉で語りっこ」が催されました。荒石かつえ・望月新三郎が中心になって企画・運営されてきました。以降、偶数月の第四日曜日、一三時三〇分からと、一四時三〇分からの二回口演が続き、現在に至っています。会の代表的な催し物のひとつになってきました。その前年からは、会員の大平悦子（岩手県遠野市青笹町出身）が岩手県から移築された古民家のいろり端で「遠野の語り」が催されていました。偶数月の第三土曜日、一三時三〇分からと、一四時三〇分からの二回口演が続き、現在に至っています。入園者からは両者共に好評を博し、口演のたびに訪れる家族連れや常連客も生まれています。

二〇一三（平成二五）年一一月九日〜一一日、静岡県熱海市で「日本民話の会四五周年記念・全国語りの交流会」が開催され、語り手など七〇余名が集いました。有意義なと表現すべきか、贅沢なと表現すべきか、全国各地の語りの競演・饗宴でした。その後、語り手たちの有志が集い、新体制の「語りの会」を立ち上げ、再出発させました。渋谷が種をまいた初期の「語りの勉強会」から、もうすぐ三〇年になろうとしています。現在、斉藤美智子が世話人代表、所属する語り手は五〇名。「語りの勉強会」の講師には、立石憲利、藤田浩子を迎えて講座を開いたり、語りの会メンバーによる語りの口演活動も順調に歩を進めています。

このような日々の語りの活動の中から、日本民話の会編「新しい日本の語り」シリーズ（悠書館）は生まれました。第Ⅰ期全五巻、第Ⅱ期全五巻、第Ⅲ期全五巻（準備中）。「新しい語り手とは「自分の言葉で語る語り手」。このシリーズは、「だれでも語り手」を合言葉に編集しました（巻頭文「新しい語り手のために」）。これまでに、①矢部敦子、②立石憲利、③荒石かつえ・望月新三郎、④藤田浩子、⑤藤原ツヂ子、⑥大平悦子、⑦山本倶子、⑧持谷靖子、⑨渡部豊子、⑩むぬがたいの会（沖縄）、それぞれに「…の語り」が刊行されました。

五　渋谷勲の仕事②──「小平民話の会」「あどがたりの会」の支援活動──

渋谷の精力的な、献身的な活動への支援は、目を見張るものがありました。そのひとつは「小平民話の会」との関わりです。『小平民話の会二十年のあゆみ』（一九九六年）の「はじめに」によると、「二十年前の講座時以来、民話研究の方向性を示して多くのご教示をくださった日本民話の会の先生方に深く感謝します。特に小平市在住の渋谷勲先生には、会発足時以来、何かとお世話になりました。」と綴られています。

「小平民話の会のあゆみ」には、次のようにあります。

［一九七六年　＊四月　東京都小平市の公民館（現・仲町公民館）主催の講座「民話」を母体に自主グループ発足。一八名でスタート。／＊5月7日　例会の日時、役員などを決める。専任講師に現・日本民話の会の渋谷勲氏。／＊五月二一日　会の名称を「小平民話の会」とする。毎月、日本の代表的な昔話を一話ずつ話型研究することになり、五月は「一寸法師」。／一九八一年　＊四月三日　岩手県紫波郡出身の「中鉢カヨさんの民話を聞く会」が始まる。／＊五月二三日　第二回「中鉢カヨさんの民話を聞く会」。…］

数年間にわたって「中鉢カヨさんの民話を聞く会」は続き、その語りは一九八七年に日本民話の会編「語りによる日本の民話」シリーズ、『紫波の民話』（国土社）として結実しました。小平民話の会が活動を通して、大都会中から伝承の語り手を発見したことの意味は極めて大きかったと言えるでしょう。関連する諸学会や研究者にも大きな影響を与えたのでした。それらの人たちをさらに驚かせたことがありました。

［一九九五年　＊七月八日　新会員の矢部の和歌山の民話を聞く。すばらしい語りでこれからも「矢部敦子の語りを聞く会」を継続の予定。／＊九月八日　第二回「矢部敦子の語りを聞く会」…／一九九六年　＊一月一九日　中鉢さんを招き「中鉢カヨ、矢部敦子の語りを聞く会」。矢部の話が刺激になって、中鉢さんから新たな話を聞くことができた。（算用数字は漢数字に改めました。）］

矢部の語りは、前掲の『聴く語る創る』第七号を経て、小平民話の会編『矢部敦子の語りの世界―和歌山の民話―』（日本民話の会）として結実しました。

伝承の語り手、矢部敦子もやはり隣近所に暮らしていたのでした。類は友を呼んだのでしょうか。中鉢が東日本の語り手、矢部が西日本の語り手、東西の伝承の語り手が小平市に揃った瞬間でした。東日本の聴き手は、東日本の語り手に聴き耳を立てます。ところが、西日本の語り手に聴き耳を立てることができるのですから、これは奇跡と呼ぶにふさわしいものがあります。小平民話の会会員は、東西の語り手からたっぷりと語りを聞き、聴き耳を育てていったのでした。

もう一つは「あどがたりの会」との関わりです。一九八八（昭和六三）年、渋谷勲を講師に迎えて保育者向けの講習会が開かれました。その後、「あどがたりの会」が発足しました。毎月一回の例会は、当初は民話の勉強会、後に語りの勉強会に移行していきました。主な活動場所は東京・高田馬場です。保育経験者（女性）が多く、歌・手遊び・語りなど、長年の経験が活動の現場に生かされています。当時、渋谷が提唱していた「自分の言葉で語る」ことを発展的に継承し現在に至っています。

会員には、秋田・岩手・山形・福島・茨城・東京・福井・熊本などの出身者がおり、地域語（方言）・地域の伝承・母語を生かした語りを試みています。現在、例会、拡大例会、語りの会の活動のほか、老人施設・デイケアサービス・保育園・小学校・公民館などを訪問し、社会とつながりを持たせながら活動を展開させています。東日本大震災以降、被災地訪問を繰り返し、保育園・仮設住宅の集会所などで語り・交流を深めています（日本口承文芸学会会報『伝え』第五八号・二〇一六年二月から一部引用しました）。

六　おわりに―わが体験的民話論―

かつてのムラの暮らしの中では、昔話伝承だけが独立してあったのではなく、伝説・世間話、他の口承文芸（なぞ・ことわざ・ことば遊び・わらべ歌など）や風俗習慣、俗信、土着信仰などと複雑に絡み合いながら共存し、地域文化を形成していました。伝承の語り手たちは、このようなムラに生まれ、育ち、昔話を自身の耳で聴き、季節の移り変わり、人の生き死にを体験し、自身の仕事とムラ共同の仕事をやりこなしながら暮らしてきました。その諸々の中身が血・肉・心となって、語り爺さ・語り婆さの口から発信されるのが昔話なのです。

音声で聞こえてくる「カタリ」の背景・裏側・奥底から、見えない・聞こえない・感じられない世界の「モノ」と重なり合いながら、歳月を費やして「モノガタリ」が醸し出されてくるのです。昔話は風土の中で育まれ、あたかも自然発生的に生まれたような、自然体そのものだったはずです。ですから、聞き手の心の中にすーっと入ってきて、すとんと落ちるのです。心揺さぶられるのです。わたしは伝承の語りを「自然生・自然薯型の語り」と呼ぶことにしています。

それに対して、活字・文献から面白そうな昔話を見つけ、それを目で読んで、記憶し、にわか作りの語りにします。あるいは、棒読み的な語りをします。技術的・技巧的には上手に聞こえてきます。このような語りを「根無し草・浮草型の語り」と呼ぶことにしています。活字覚え・活字丸暗記の口先だけの語りは、そろそろ終わりにしたいものです。

新しい語り手の方・目指している方は、不断の努力が必要になってきます。まずは時間をかけて「聴き耳を立てて歩いてみる」ことをお薦めします。たくさんの語り手から語りを聞きましょう。そして、自身の聴き耳を育てましょう。語り手に聴き耳を立てるということは、これから語り手になろうとする人にとっては原点的なものであります。語り手から学ぶことは多々あります。

聴き耳が育ってくると、不思議なことが起こってきます。今まで聞こえなかったモノが聞こえてきたり、今まで見えなかったモノが見えてきたり、今まで感じなかったモノが感じられるようになってきたりするのです。手間ひまかけることは、自身の言葉の発見、自身の語りの発見、自身という人の発見に必ずつながっていくことでしょう。また、口承文芸学・民俗学など関連諸学問・研究の成果、各地の民話資料集から学ぶこともあるでしょう。

さまざまな経験を積み重ねることによって、初めてモノガタリを発信できる人になっていくのだと思います。「自然生・自然薯型の語り」を選ぶのか、「根無し草・浮草型の語り」を選ぶのかは、新しい語り手自身の判断に任せるしかありません。語り・語り手・語りの場の復権が叫ばれるようになってから、久しく時間が経過しました。「夕焼け民話」の語り台本作りに着手してから四十数年、日本民話の会の「語りの会」がスタートしてから三〇年になろうとしています。

この国の民話伝承に約半世紀にわたって、わたしは聴き耳を立ててきました。昔話が時代と共に変容することは仕方のないことだと思います。昔話を語り継ぎたい人には、伝統的な昔話伝承を学びつつ、少しでも近づけるような形で語り継いでほしいと願っています。失礼な物言いかもしれませんが、伝承の語り手が健在なうちにたくさんのことを学び、自身の語りに生かしていきましょう。これからの日本の子どもたちの心の栄養・心の成長は、「新しい語り手たち」の「新しい語り」に委ねられているのですから。

＊本稿は日本民話の会の見解ではなく、私見を述べたものです。催し物・年月日は、『日本民話の会45年のあゆみ（草稿）』（日本民話の会・二〇一四年）を参考にしました。

論考

語り手たちの会と昔話

三田村慶春

プロフィール
所属　NPO法人 語り手たちの会
絵本とおはなしの店、おばあさんの知恵袋　主宰
専門　絵本及び語りの歴史、研究、表現
代表著書『にんじん ごぼう だいこん』

一　語り手たちの会で学ぶ

語り手たちの会は、一九七七年、「子どもとつくる生活文化の会」に集う一一名の志を持った者たちで発足しました。その志とは、現代の都市社会において、年齢層の異なる世代が一つ屋根の下に暮らすことが無くなりつつあり、家族が解体していくにつれて希薄になる子どもの言葉を回復する方法として「肉声による語り」を広めたいというものでした。会の代表となったのは櫻井美紀さん（故人）。大阪の放送局アナウンサーを辞して後、自宅を開放して子どもたちへ数々の図書を紹介し、肉声での物語を届ける「ゆうやけ文庫」を運営してきた経験からの提案でした。

発足から二〇年、一九九七年には、会の志を次の世代に手渡し、後進を育みたいとの考えで、「第一期　語りの入門セミナー」が開かれました。図書館司書としての仕事をこなしながら、「残る半生において、自分の納得する言葉を、どのように見つければ良いのだろう」と探しあぐねていた私は、折よく、このセミナーに加わる機会を得たのです。
以来二〇年、現在の「NPO法人　語り手たちの会（代表　片岡輝）」は全国で三〇〇に及ぶ会員を有し、会員各自の地域での語り活動を始め、舞台での芸術的表現活動、語りの研究、また福島県での語りを主にした東日本大震災後の地域協力活動、海外の語り手（ストーリーテラー）の招聘や訪問・交流活動、会誌『語りの世界』、会報『太陽と月の詩』の発行など多岐に及び、「語り」の専門活動団体としては、国内で最も大きな組織であると言えましょう。

会の主な理念は今も、初代代表の櫻井美紀さんの遺志を受け継いでいます。
・文字・表現の形など語りのマニュアルにとらわれず、語り手として、自然に生き生きと語る。
・テキストを丸覚えして語るのではなく、その話の原典や他の資料を参考にし、自分の言葉で「再話」する。
・語り手は、語るだけでなく、語りについての研究にも時間と心を注ぐ。
・人前での語り表現に留まらず、家庭での語り、仲間との語らいにも「語り」から学ぶこと。
この稿では、「語り手たちの会」の活動を通じて学んだ「語り」についての考えに加え、私自身の研究を基にしての「昔話」について述べさせていただく機会と、筆をとりました。

二　昔話の語られる現場で

四年ほど前、東京都内の学校図書館職員の皆さんから、「文科省、東京都から『学校の教科で、子どもたちに昔話をより積極的に取り入れるように』という指示を受けた。しかし昔話については研究をした経験を持たないので、講座を持ちたい」との相談を受けました。

そこで、どのような指示があったのか、資料を見せていただいたところ、「昔話」として紹介された一覧表には、グリム童話や日本の昔話に加え、宮澤賢治やアンデルセンの創作による物語まで挙げられていたことに驚きました。

宮澤賢治にしてもアンデルセンにしても、その作品には、語り伝えられた昔話を読んだり研究したりした上で、自分たちの物語を創り出したと言える表現が見られます。とは言え、教育行政の中枢から発信される、ある意味、公的な資料においてですら、「昔話」とはいったい何を指すものなのか、全く理解されていなかったのです。

このことから、それまで私が二〇年近く学び、自身で取り組んできた「昔話」の研究の一端を、大学、図書館、小学校等で、学生や教師、図書館職員、市民の皆さんに紹介する機会が始まりました。

現代の子どもたちにおいても、昔話を聴く時は眼を輝かせて、一心に物語に耳と心を傾けます。人や動物たちが主人公となり活躍する姿、困難に出会って追い詰められる緊迫感、その困難を克服し、窮地を脱した安堵感、引き続いて迎える幸福な結末。このように、昔話は、かつては囲炉裏端での爺婆の語りであり、今では図書館や学校でのボランティアによる絵本の読み聞かせであったり、形を変えてはいても、時代を超えて、常に子どもたちの胸を躍らせてきたものなのです。

では、昔話とはいつ頃から、誰が、どのように現代まで語り継いできたのかと話が及ぶと、余り深く考えられてきてはいないように思えます。もちろん、大学等の研究機関や学会では真摯な研究が重ねられてきておりますし、その結果としての優れた研究書を手にすることで多くを学ぶことも可能です。

しかしこれらの研究の機会や研究書は研究者や学生の間に留まって、一般では余程の研究心を募らせない限り、触れるチャンスはありません。その結果、「昔話とは何を指すのか」、また「幼い頃に聞かされたから昔話」、「民話と昔話はどう違うのか」などの、さまざまな疑問をそのままにしての混乱を来しているのではないでしょうか。

学校、図書館、幼稚園や保育園でのお話会や語りの会で、「この昔話が好きだから」、「子どもたちが良く聞いてくれるから」に加えて、昔話の面白さ、魅力が、どこから、どのように伝わってきたのかと一歩踏み込んで考えることで、昔話の奥深さ、伝えられてきたメッセージを、現代の子どもたちにも語り継いで行くことができるのだと考えています。

三　昔話はどこから来たの?

昔話は人類の長い歴史を通じて、古代では人々が口から口へ、また文字が作られた時代以後は、文字に書かれた物語が再び人の口を経て伝えられてきました。この口から口へ伝えられることを「口承」、文字で書かれた物語に触れた後、口頭で伝えることを「書承」と言います。昔話の歴史は、この「口承」と「書承」の繰り返しで伝えられてきたのです。例えば日本の最古の書とされている『古事記』を例にとれば、稗田阿礼が諳んじた神々の物語を太安万侶が書き写したのは「口承」ですし、小さい頃、農作業の合間に爺婆から昔話を聞かされたお爺さんやお婆さんが、囲炉裏端で子どもたちに語って聞かせるのも「口承」です。

一方、『グリム童話』や『今昔物語集』の中の物語を本で読み、学校や図書館、家庭での子どもの枕辺で語るのは「書承」というものです。現代の私たちは、直接、お年寄りの語りべから昔話を聞く機会はほとんどありません。ですから、現代の私たちは「書承」の語り手と言うべきでしょう。

ここで昔話の本題に入る前に、「音声による言葉」と「文字」の歴史にも触れておかなくてはなりません。なぜなら、このことを認識しないばかりに、昔話を語る場においてさえ、「なかなか物語を覚えられない」、「文字どおりに語り、間違ってはいけない」、「次の言葉を忘れてしまったので、最初からやり直します」と、苦しみながら昔話を語る人たちのいる現場に、かなり出会うことが多いものですから。

この方たちが何故に「文字」に囚われてしまっているかは後に考えることとして、まず「音声による言葉」の歴史を考えてみましょう。これはそのまま、「口承」としての昔話の歴史と重なる道を辿ることになります。

人類の歴史、現代に繋がるホモ・サピエンスは、約四五万年前にアフリカの南東域、大地溝帯の密林で発生し、それまでに身に付けた二足歩行の機能を手段として、約一〇万年前に密林を出て、サバンナへと歩み出したという研究があります。

この森から歩み出た人類は、今のアジア、ヨーロッパにまたがるユーラシア大陸、北米、南米大陸へと数万年をかけて、彼らの棲息地を求めて旅を続けました。なぜ旅を続けたのか？　それは、食糧となるべき獣や豊かな果実を求め、温暖で住むのに適した場所を探し、あるいはそれに加えて、獰猛な獣たちから身を守り、また種族間、部族間の争いのない土地を求め、訪ね歩いた旅だったと考えられます。この人々が今の日本列島に辿りついたのが、およそ三〜四万年前ということですから、旧石器時代ということになります。

最初の言葉を持たない人々が発した声は、唸り声や遠くの仲間に合図を送る吠え声のようなものだったでしょう。しかし、家族やその周りの血縁集団が形成されるに従って、自然環境や気象の移り変わりに対し、規則的な約束事を共有し、指し示す必要が起きてきます。これが「音声による言葉」の発生の源となったと考えて良いのではないでしょうか。

一方、「文字」はというと、紀元前四〇〇〇年の後期新石器時代に始まり、メソポタミア文明の楔形文字や古代エジプトのヒエログリフが初期文字体系を確立させたと知られていますし。これらの文字のいずれもが紀元前三〇〇〇年頃に使われていたと明らかにされています。

このように、「音声による言葉」と「文字」の発生の歴史には大きな差があります。昔話が「音声による言葉」によって、語り伝えられてきたこと、すなわち「口承」の歴史の中で育まれてきたことに思い遣れば、現代において、私たちが昔話を語る際にも、「文字」にとらわれることなく語り伝えることこそが、昔話の奥深さ、昔話に込められたメッセージを届けることになると言って良いのではないでしょうか。

四　神話を受け継いだ昔話

世界の大陸へと歩み出た人類は、それぞれの群れに適した地を棲息地と決めて、定住の生活を始めます。しかし、それまで彼らの命を維持してきた狩猟や、山野に分け入って食糧を得る採集の生活は何と不安定なことだったでしょう。そこで、安定した食糧を得るための手段として農耕を中心とした生活への変化が促されました。

ですが農耕作業は常に人類と自然との闘いの歴史そのものです。日々の作業につきまとう天候不順や、時として起こる天変地異、それによって引き起こされる自然災害の影響を受けることが常に起こります。農耕生産は同一の群れに属する者たちが共同作業を担うことにより食糧の確保が保証されるものですから、群れを維持するための統一した考えを求める働きが生じるのは当然の結果でした。

他方、古代の初期農耕社会においては、風雨、雷、嵐、雪、日照り、太陽や月の運行など、人々の能力を超えた事象は自然を司る大いなる存在＝神のなせる業（わざ）と考えられてきました。豊かな実りを願う豊穣への祈りはもちろんのこと、神々の怒りを鎮める魂鎮（たましず）めとしての祈りを捧げることによって、群れ社会の同一性を確認し、部族の日々の安寧と未来への存続を願ったのです。このような人類の農耕作業の祈りの中から自然発生的に神話が生み出され、その神話を源とし、より平易な形で部族や民族の培った叡智を伝える方法として、昔話が人々の口から口へと語り伝えられてきたのです。

一例を挙げますと、『古事記』の中のイザナギ、イザナミの神話からは「三枚のおふだ」が、ホヲリノミコト、ホデリノミコトの話からは「海幸彦 山幸彦」や「鶴女房」が、オホナムジ（大国主命）の話からは「いなばの白兎」の物語が発生し、現代においても楽しまれています。

さて時代が移り、それまでの部族単位での集団の社会が強力な為政者の出現により、国家の統一、民族の結束へと発展することになります。その統一のための一つの方法として、新しく起こった宗教の考え方が必要とされたのです。

外国の昔話に多く登場する妖精や精霊、悪魔や魔女たち、日本の昔話での山姥や鬼、河童、天狗、座敷わらしなどは、古代農耕社会での自然現象への怖れを宿す存在だったのですが、彼らは後に発生し、国家の運営や民族の存立の精神的な後ろ盾となった新宗教（キリスト教や仏教）から見れば、祈りの対象としては許されるべきでないものとされてしまいました。その結果、彼らは、人間社会に対し常に悪意を持ち、悪戯や悪事を働き、禍をもたらすものとして山奥や森に追いたてられ、時には、それら自然の成り立ちを大事に思うことが人間本来の生き方だと訴える人々を、その化身だとして「魔女狩り」を行い、火炙りなどの極刑にまで追いやったのです。

ところが、このような迫害を受け、困難に出会い続けてもなお、紀元前一五〇〇年頃から一〇〇〇年ほどの間、ヨーロッパを覆っていたケルトの文化、日本の大和朝廷が成立する以前の古代社会などでの自然崇拝から生まれた精神世界の主人公たちは、今も昔話の中で生き続け、語られ続けています。

昔話の中での彼らの息づかいにこそ、私たちが昔話を語り続けることの意味、そこから見える命を繋ぐための知恵が隠されているのかも知れません。

五　昔話は誰が伝えてきたか

人類の大陸間移動の間に「音声による言葉」が生まれ、農耕生産の歴史から昔話が発生したと述べましたが、国家や民族の統一が成されたことによって、更に、人々の往来が頻繁になります。その行き来は国家間、民族間における戦いの歴史によってもたされることになりました。

マケドニアのアレキサンダー大王のアジアへの遠征、古代ローマのカエサルによるガリア戦線、ペルシャやトルコ、モンゴル帝国による他民族に対する侵略と戦の歴史がそうです。

戦は大量の武器の輸送を伴います。大勢の兵士たちも進軍させねばなりません。その兵士たちの食糧や医療に関わる物資や人材も同行させる必要があります。また武器や輸送を担う車輌類を修理する工兵や技術者も連れて行かねばなりません。兵士たちは、遠征の途中の国や街で出会った商人や人々から、その地にまつわる物語を聞かされることがあるでしょう。また計算高い商人たちの中には、兵士たちの後を追って、彼らの求める物をいささか高く売りつける者も現れるでしょう。加えて遠征に勝利することは、それまで支配していた国家や民族の版図、すなわち勢力範囲の拡がりをもたらします。すると、新しい地域、これまで出会ったことのない他の民族への布教を試みる宗教者が往来します。歌や舞、楽器を演奏する、一般に吟遊詩人と呼ばれる芸能者や曲芸師たちも、故国を離れて異国へと旅をします。このように兵士、物売り、宗教者、芸能者たちが自分の国から異国へと物語を届け、また旅からの帰国時には、異国で耳にした物語を持ち帰るのです。

「昔話」には互いに世界の遠く離れた国や民族にも拘わらず、同じような、あるいは似た話が、それぞれにあります。ある考え方では、「人間の暮らしというものは、どこでも似たようなものだから、世界のあちこちで、自然に同時的に発生したのだ」と言います。しかし、気の遠くなるような、数万年かけての人類の大陸間移動や人々の往来の歴史を顧みれば、昔話の伝えられてきた道すじは、そうではないと言えますね。

このように、国から国、民族から民族へと大陸を横断して昔話が伝えられたことを、「昔話の伝播」と言い表します。

一方、同じ地域や比較的狭い範囲の地域間で、年長者から低い年齢層へと物語が伝えられること、たとえばお祖父さん、お祖母さんが子や孫に昔話を語り聞かせる、あるいは他人から聞いた物語を、時を経て別の機会に語り聞かせることを、「昔話の伝承」と表現します。

六　人々の生業と昔話

日本列島には概ね北の樺太から北海道へ、日本海を渡って秋田地方へ、朝鮮半島から島根、鳥取地方へ、中国大陸の南部から福岡、長崎へ、そして南の島々づたいに沖縄、鹿児島地域への五方面から人々が渡来し、この国の民族の礎となったようです。しかし、必ずしも同時期に渡来したわけではなく、それぞれの人々の先祖が渡ってきた時期は定かではありませんが、到達した時代によって、古代の人々の生業（なりわい）が異なり、そのことによって、伝えられる物語も異なっているのではないかと考えるのです。

中でも最も初期に日本列島に到達した古代人は、温暖で食糧を得やすい地域に自分たちの居留地を定めたのでしょう。この人々は先んじて農耕生産に勤しむことになり、農耕作業という生業から果実や穀物の生産物を産みだします。そしてこの生産物に関わる物語、気象の変化や里に下りてくる獣たちとの葛藤など、さまざまな事象や事件を元に物語を編み出します。これは子や孫の時代へと農耕生産に関わる技術を円滑に引き継ぐためであり、思わぬ事象に対処するための知恵を伝えることにあったと思われます。

次に渡来した人々は海や川の端に住み、漁撈という生産手段によって生活を営んだでしょう。彼らの暮らしでは、海・川に関わる話、そこから得られる海産物にまつわる物語が語り継がれることになったと考えられます。

このように、既に里には土地がなく、山に暮らさざるを得なくなった人々は、山で起こる事象や生産物、出会った動物たちの物語を語り、物売りは物売りの物語、辻説法の僧侶や宗教に関わる者は、六部や説教師として、また眼の不自由な女たちは瞽女(ごぜ)と呼ばれた芸能者として、盲目の男たちは琵琶法師となり、自らの生業の拠ってきたった由来を語ります。このことで精神的には自らの生きる支えとしたこと、それが経済的にも、その生業の継続を保証してくれる結果に繋がったのではないでしょうか。

七　昔話を再話して語る

このように長い人類の歴史を通じて語り継がれてきた「昔話」は、異なる民族間を渡り、異なる地域間をまたぎ、世代を超えて、それぞれの暮らしに合う物語へと形を変え、伝えられてきたものなのです。

現代では「音声表現としての言葉」よりも「文字表現の著作物」を優位に考えることから、「文字にとらわれた昔話」が語りの場で多く見受けられます。これは我が国の国語教育が「自分自身の言葉で表現する」ことよりも、「予め決められた表現方法」に合致するかどうかを評点の対象とすることに原因があるように思います。

これまで私は、海外でのストーリーテラーたちとも交流してきましたが、そこでは皆、個々の言葉で物語を再話し、聞き手たちもそれぞれの物語を楽しんでいる姿を見てきました。

昔話は、「テキスト通りに間違いなく語られる」ことよりも、「語り手自身の言葉で生き生きと語られる」ことで、聞き手や子どもたちの心を湧き立たせるものです。いたずら者の妖精、禍をもたらす悪魔や魔女、妖気を発する山姥や狐など、日常では出会う機会のない異世界のモノたちを、現実に存在するかのように語ることで、聞き手の心の奥に潜んでいる畏怖感や忌避感を育てることになります。

ここで再話の一例として、各地で語られてきた「猿婿入り」のあらすじと結末の違いを比べてみます。

阿波・池田「お猿婿さん」語り手／州津・伊丹俊子さん

日照りが続くため、お百姓が庚申さんに雨乞いをする。秋の豊作を迎え、取り入れも終わった冬の夜、猿が訪れる。仕方なく三番目の娘をやることにする。三番目の娘は、大きい水甕と水杓を嫁入り道具として買ってもらう。

猿が迎えにきて、嫁入り道具の水甕を背負わせる。山へ向かう途中の谷川で娘は手にした水杓をわざと谷川へと落とす。猿は水甕を背負ったまま、「わしが取ってきてやる」と谷川へドブンと入り、そのまま上がってこなかった。

丹後・伊根「猿婿入り」語り手／蒲入・泉とく子さん

日照りが続き、お爺さんが「誰でもいいから田んぼに水を入れてくれたら娘を嫁にやる」と独り言を言う。猿が出てきて水をなみなみと入れてくれたので、仕方なく約束を果たすことになったが、三番目のオイシが進んで猿の嫁になるといい、嫁入り道具には長いひげの出たわらじと大きな瓶を用意してもらう。

猿が迎えにきたので、わらじを履かせ、大きな瓶を猿に括りつける。川にかかった丸木橋を渡る際、猿の後からついて歩くオイシが、「今だ！」と、わらじのひげを踏んだので、猿はひょろひょろっと川へ落ちて上がれなかった。

「わしは死んでもだいないけれど（心配ないけれど）、あとのオイシがかわいやのう、アンブルブル、アンブルブル」いうて沈んでしまった。

上州・新治「猿婿どん」語り手／原沢はるさん

大水が出たので、おじいさんが田んぼを見回りに行くと、水の取り入れ口が壊れてしまっていた。困っていると猿が出てきた。娘を嫁にやる約束をすると、石垣を積んで直してくれた。三番目の娘が山の猿に嫁いだ。
正月が来たので里帰りするということになり、「正月の餅を重箱に入れると重箱臭くてダメ。つきいれ餅と言って猿が背負った臼の餅を、後から嫁が搗きながら行くのが良い」と勧める。木の根がごつごつと出ている山道で、娘が餅を搗き続けるものだから、猿はバランスを崩して、臼が上になり、猿が下になり、土手の下へと転がり落ちた。下にひきどんがいて、「上から食うべえか、下から食うべえか」ってひきが言う。猿どんは「下から食うとも、上から食うとも、ひきの好きにしろ」って言いながら死んだって。

「猿の婿どの」松谷みよ子氏・再話
父親がかんかん照りの中で草刈りをする。「草刈りをしてくれたら娘をやる」と独り言を言うと猿たちが出てきて刈ってくれる。三番目のお藤が迎えにきた猿どもの手車にのって山に向かい、一番大きな猿の兄さまの嫁になる。
里帰りの日、臼に餅を入れて猿婿に背負わせ、谷川の淵に咲いている藤の一枝を父への土産にすると、木に登らせる。細い藤の枝は折れて、猿は谷川へ臼ごとジャブン。流されながらも嫁子に謡う。
「さる　さると、流るるわが身は　いとわねど　あとに残る　お藤コ　いたわしや」

「猿の聟」語り手／遠野・佐々木艶子さん／佐々木喜善・再話
爺様が広い畑の草取りに難儀する。手伝ってくれたら娘をやると独り言を言う。猿どもがみるみるうちに草を刈り、嫁を迎えにやってきた。三番目の娘、オフミは奥山へ向かい、里帰りの日、爺様への土産に餅を搗く。猿婿に臼を背負わせ、谷川の大きな淵に咲いている藤の一枝を、爺様がすきだからと、臼を背負ったまま藤の木に登らせる。可愛い嫁子の言うままに、婿は藤の花房をとろうとするが、枝ごと真っ逆さまに猿淵に落ちた。流されながらも、嫁に向かって猿は謡う。「猿沢や　猿沢や　流れ行く身は　いとはねど、あとのお文子ア　嘆くベチヤやい」

いかがですか。この語り手たちは、それぞれの地方、それぞれの語り口で面白く語っています。最後に「昔話」を再話して語る際のヒントの幾つかをご紹介しましょう。

・選んだテキストだけでなく、同じ話の原典、他の資料も参考にし、自分に合う話を選ぶ。
・物語の構造（起・承・転・結）を考える。
・自らの方言、言葉のリズムで書き替え、語り込むことで、滑らかな語り口を整える。
・何度も語り込むことで、登場人物の立体像を得る（キャラクターの実像化）。
・各場面の臨場感、他の登場人物との距離感、息遣いをイメージする。
・場面展開に応じて緩急、抑揚などを工夫する。
・地の文と語り言葉の語り口を違える。

現代でも昔話に込められたメッセージは生き続けています。次の世代へと語り継ぐことは、次の世代の「いのち」を育むことに繋がります。
どうか、「昔話」をあなた自身の言葉で生き生きと語り継いでいただきますように。

参考文献

・『佐々木喜善全集（Ⅰ）』遠野市立博物館、一九八六年
・『日本民俗研究体系（第七巻・言語伝承）』国学院大学、一九八七年
・『古代信仰と神話文学』松前 健著、弘文堂、一九八八年
・『古事記』梅原 猛編訳、学習研究社、二〇〇一年
・『阿波・池田の民話』市原麟一郎編著、国土社、一九八七年
・『上州・新治の民話』持谷靖子編著、国土社、一九八七年
・『丹後・伊根の民話』立石憲利編著、国土社、一九八七年
・『民間説話の研究』大林太良ほか編、同朋舎出版、一九八七年
・『一角獣と薔薇』大島広志ほか編、語り手たちの会、二〇一一年
・『語りの世界』創刊号、語り手たちの会、一九八五年

論考

わが身一つをなかだちとして
―「みやぎ民話の会」と「民話　声の図書室」の活動から―

小田嶋利江

プロフィール
所属
みやぎ民話の会、東北民俗の会
専門
土地の記憶の聞き書き
代表著書
『南三陸町入谷の伝承
山内郁翁のむかしかたり』

一　語り継ぐということと語りの実在感

語り継ぐことへの道

〈昔話を語り継ぐ〉、あるいは〈民話を語り継ぐ〉とは、聞き手と語り手の内面においては、どのような営みなのでしょうか。どのような姿をとるとき、そのことに至るための道が開かれるのでしょうか。

あまりにとりとめのない、形のある答えが出るとは思えない、あいまいでたよりない問いを投げかけてしまいました。ただ、これは、ずいぶん以前から、わたしが抱いている問いでもあります。なぜなら、いわゆる「上手い」語り、いわゆる「語りの技術が勝れた」語り、つまり世間的に認められた語りの技術論に則った語りが、そのまま聞き手の身にすっとしみこむ語り、長くその余韻が響き続ける語りでは、必ずしもない、そのことだけは、どうしてもたしかなことのように感じられるのです。

そうした、こちらの身にしみいり、響き続ける語りの声は、多くの場合「伝承の語り手」によって発せられる場合が多いように思われます。しかし必ずしもそれは絶対ではない。学んで語られる方の語りが、ときにまっすぐこちらの身に入り込んで来たり、「伝承の語り手」といわれる方の語りも、語りの場の状況によって、聞き手の身に届きにくい技巧的語りに変性されてしまうことも、たしかに起こります。

語りの実在感という生気

ただ、そうした両様の語りに出会うとき、わたしがたしかに感じていることが、一つあります。それは、口承話の語りのみでなく、民間伝承といわれる身にたくわえられる伝承に広く感じられるのですが、どうしても、その内になにものかがぎっしりと密集した伝承と、外面の形は同じでもなにかうつろな伝承とが、たしかにある。その両様両極の間にそれぞれの位置をしめて、さまざまな語りもその他の伝承事も、その存在感の厚みや密度の違いを内に保ったものとして、わたしには感じられてきました。そして、ぎっしりと詰まった語り、伝承の実在感に満ちた語りの声は、語り手から聞き手にまっすぐ深く届く、なぜかそのようにわたしには感じられます。

くりかえしますが、その伝承の実在感とは、語りの技術ではありません。そうした語り手には、いわゆる「語りの技術」にも長けた方が多いとしても、それが肝要ではない。淡々とした、むしろぼそぼそとたどたどしい、あるいはぶっきら棒な語りであっても、伝承の実在感からの生気を受け取る語りというものは、たしかに存在します。

ここで、「伝承の実在感」とはどういうことなのか、そのうちにぎっしり詰まっているものはなにか、つたないながら考えてみようと思います。むろん、それはひとまずの一面的解釈でしかないだろうけれど。

ただその前に、それを考える手掛かりをもらった場として、「みやぎ民話の会」の歩みと、震災後の「民話 声の図書室」の活動について、その経緯をたどってみましょう。

二 「みやぎ民話の会」と「民話 声の図書室」

みやぎ民話の会の歩み

「みやぎ民話の会」の種子をたずねると、会発足以前の今から四五年ほど前、現在の顧問である小野和子さんが、県内各地の村々を、民話の採訪で歩き始めたことにさかのぼります。やがてそのもとに、民話に興味を持つ人たちが集うようになり、小さなサークルが生まれます。これが「みやぎ民話の会」の始まりだといいます。はじめから会の活動の柱は、「民話を語る」ことには向かわず、むしろもっぱら「民話を聞く」ことを、四〇年間ひたすら続けてきました。ただ、個人的活動としてそれぞれの場で語ってきた会員もあり、近年は自分たちなりの語りの勉強を新しい活動の柱にしていますけれど。

会に集った人々は、四〇年のあいだ宮城県内を中心に村や町を歩き、民話の語り手を訪ね、暮らしの話や言伝え、幼少のころに聞いた昔話などを聞いて記録してきました。つまり「民話の採訪」が、その始まりから今に至るまで、ひたすら会の活動の中心であり続けたことになります。こうした採訪で出会う語りの姿からは、暮らしの中の語りの場の空気や、語り手と聞き手の間に流れている思いまでが伝わってきます。幼少期に聞いた話が、その後の語り手の人生の支えとなっていることも少なくありません。

こうしたまさに民に語り継がれる話とその語りを、先祖から贈られた財産として、声を文字に移して手作りの資料集にそのつどまとめてきました。現在その通巻は五百余冊に達しています。そしてそうした財産を多くの人と共有したいと考え、語り手の暮らしと人生に身を寄せ、語り手一人で一冊の民話集を編み、「みやぎ民話の会叢書」として第一四集まで発行してきました。

しかし、もともと語られた声を文字にすると、声が持っていた語り手の思いのひだやその場の空気は、抜け落ちてしまうものがたくさんあります。そこで、数年おきに「みやぎ民話の学校」を開いて、伝承の語り手を多い時には十数人招き、語り手とひざを交えて親しく語りを聞く機会を設けてきました。二〇一四年八月に伊具郡丸森町を会場に開校された「みやぎ民話の学校」で、第八回目を数えました。

ただ、すぐれた伝承の語り手が、一人、また一人とこの世を去られるなか、これらの貴重な語りの声と姿を共有財産として未来へと受け渡すために、音や映像の記録を体系的に整え、誰でもがそれらを視聴できるようにすることはできないかと、つねづね願ってきました。

民話　声の図書室の試み

そうした願いが現実の企画となった契機は、二〇一一年三月一一日のあの大地震と大津波でした。会では同年八月、語り手に被災体験を語っていただく「第七回みやぎ民話の学校」を、被災地の一つ本吉郡南三陸町の海に臨むホテルで開催しました。

この学校の映像記録を担当していただいたのが、東京在住の若い映画監督であった酒井耕・濱口竜介両氏でした。震災後すぐ、せんだいメディアテーク（仙台市の複合文化施設）に震災記録の拠点として「3がつ11にちを忘れないためにセンター」がたちあげられ、そこに参加してドキュメンタリー映画の制作を始めていたお二人とみやぎ民話の会は、メディアテークの仲介によって出会ったのでした。お二人は被災者が語り聞く姿を記録した『なみのおと』『なみのこえ』に、民話を語り聞く姿を撮った『うたうひと』を加えて、東北記録映画三部作を完成させました。

こうした一連の活動は、せんだいメディアテークの便宜・助言などによって背後から支えられてきました。さらにその後、会が蓄積してきた民話語りの音声・映像資料の保存整理と活用の仕組み作りを、協働の活動としてご提案いただきました。「語りを声として伝えたい」という長年の願いは、こうして現実の活動として取り組まれることになり、「民話 声の図書室」と名づけられました。

二〇一二年度から、蓄積してきた音声・映像資料をデジタル化し、数少なくなった伝承の語り手の語りを新たに映像に記録し、それらの記録を一般に活用できる形として、DVDなどの制作にあたっています。そして、そうした未来への共有財産であるべき記録資料を、より多くの人々にも開いていく試みとして、だれもが参加できて自由に民話を聞き考え語り合える集いを、年一回メディアテークと協働で企画開催しています。それは「民話 ゆうわ座―話に遊び 輪を結び 座に集う―」と名付けられ、だれもが伝承の語りに触れ、民話の深い森に分け入るための入り口としてもらえればと願って企画されています。

第一回は二〇一三年六月に「かちかち山」を、第二回は二〇一四年五月に「サルカニ合戦」を、第三回は二〇一五年一二月に「笠地蔵」をそれぞれ採り上げました。いずれも、伝承の語りの記録資料を視聴し、その話についての一つの理解を話題提供として、参加者が自由に自分の感想や意見を語り合います。だれもが一度は聞いたことのある昔話でありながら、つねにまったく新しい顔を発見し、延々と語り継がれてきた話に語りこめられた思いやら願いやらあえぎやら、民話の深みへと思いをいたそうとする場を目指しています。ときに「民話の残酷さ」を語ることについて考えたり、ときに日本民話に繰り返し現れる「子持たずの爺婆」の意味について提示したり、参加する者も主催する者も、ともに聞き考え語り合う集いにはなりえているかなと感じています。

三　語られない話の奥行

話が語られないことと話の間口

わたしが、ムラの暮らしの現場において、聞き語ることの伝承というものと向き合い、あれこれ考え始めたのも、やはり採訪の体験からでした。

宮城県黒川郡大和町は、県のほぼ中央に位置し、東境で山形県と接し、船形連峰の山稜からふもとの吉田・吉岡の町へと山裾が西へ続いています。かつては、船形山登山口のすぐ下には、升沢という最奥の集落がありましたが、ムラをあげて移転し、いま家跡は草原となっています。隣接する陸上自衛隊王城寺原演習場が、沖縄米軍の実弾射撃訓練を受け入れ、その砲撃音などの補償として、ムラを引き移ることになったのです。一九九七年から升沢地区集落集団移転事業が開始されました。

船形山麓最奥のムラの集団移転を前に、大和町と東北民俗の会が共同で、升沢地区の民俗全般を対象とした記録保存調査が企画されました。東北民俗の会にも属していたみやぎ民話の会の三名（小野和子・広瀬千香子・小田嶋）も、口承文芸担当として一九九九年七月から、現地での聞き取り調査に参加しました。

この聞き取りにあたっては、小野和子さんから、「伝えられ語られている話ばかりでなく、話が語られないこと、伝えられないことをも考えよう」という提案がありました。のちに報告書では次のように書いています。

話を伝えるという営みは、ある話が見聞きされ、あるいはある事実が体験され、それが記憶にとどめられ、その後他者に語り聞かせられることが、世代を継いで繰り返されることによって成立つ。であれば、今目の前で一つの話が語られることと表裏をなしてある、話たちが聞かれないこと、聞かれて記憶されないこと、聞かれ記憶されて語られないこともまた、一つのくらしのありかたである。

「話が語られないことを考える」というまなざしは、一方では、「語られる話」そのもの、「話を伝えるということ」そのものをも、最も広い意味でとらえて聞き書きしようとするまなざしでもありました。それは「かつて見聞きして覚えある事・話を人に語ること」であり、忘れられない個人的体験を話すことも、聞き手に問われて初めて目を向けた暮らしの断面も、みな「話」という広い間口の中に入れて眺めてみることとなります。

そうしたくらしの中で話を語ることの間口の広さ・裾野の拡がりは、ここ升沢地区においても異なることはない。戦時中男手のない婚家の家計を支え、男たちに混じって木伐り・木流しにたずさわっていた細身の女性は、聞手から思い出話を請われると、遠慮しつつもよどみなく快いリズムで、つねに筋立て明らかに苦労話を語る。その後にふと、「昔話みてぇでがすぺ」と笑った。山とそこに暮らす動物について、問うたびに目をみはる体験談を語る男性は、クマ撃ちの話なら「一晩語り明かしたって語り尽きねぇ」し、ウサギヤマ（ウサギ狩り）の後の宴会は「それが面白（おもしぇ）んだ、また。そっちでもこっちでも（猟の成功談・失敗談の）話しでて、なんのかんの、だれの話聞いたらいいか、わけわがんねんだ」とさも楽しそうに言う。

語りの風景と記憶の声

この調査で聞き取りさせていただいた五四名の升沢地区の話者の中で、子ども時代に昔話を聞いた体験を持つ者は一九名、ない者は三四名。さらに昔話を聞いた体験を持つ一九名のうち、その後、自分の子どもや孫などのために、聞いた昔話を記憶していて語った体験を持つ者は四名に過ぎません。

にもかかわらずとても心魅かれるのは、多くの話者にとって、たとえ語られた話そのものの「覚え」はなくとも、語られた場の昔語りの情景は、年月を経ても話者の記憶に鮮明に定着していることなのです。〈語りの場〉についての問いかけに、打てば響くように答えてくださった。かたわらにいたわたしにも、話者の身の内に呼び起こされた記憶の風景が、言葉でなぞられながら声で紡がれて語られるのが、たしかに感じられたのです。

ある女性は次のように、記憶をたぐりよせながらそれを言葉にしています。

あのね、おらいのばあちゃんね、うんと人使（つけ）ぇ上手でね。百姓なもんだから、農家なもんだから、厩（まや）に居んのね。で夜わり仕事なんか、今だとね、よぐ菊もぎなんどするものだったね。あれ茎から花もいで食べるようにすんだっちゃね。ばあちゃん、一人でやってんの嫌(や)んだからね、「だれそれ来いー」なんてね。そうすとね、「あんだらも、こいづ座れぇ。むかしばなし聞かしぇっから」なんてやってね。ほんどによく手伝いながら教(おし)ぇらっだね。

別の男性は、「そんな当たり前なこと」とでも言わんばかりに、

だって昔話しかねぇべや。だってここさ、なんにもねぇんだもん。そうゆうのは、みな聞ぃだよぉ。あれ、ばんつぁんもしだっちゃ。あどねぇ、木挽(こび)きさんつのいるわけしゃ、おらいさ泊まってだ人いだの。その人に聞ぃだよ。うんと話好きの人いで、当時で六十なんぼだべなぁ。二ヶ月三ヶ月は泊まってたの、おらんち。あど馬車挽ぎも臼彫りも泊まってたなぁ。…（話を聞くのは）夜。一緒に風呂さ入ったりさ、一緒におれなんか寝ったんだから。ばんつぁんど寝だり、泊り客いっと、木挽きとだり寝っだわけさ。

これらの「語りの場の風景」もまた、「昔話」そのものは記憶していないとしても、むろん語りをめぐる暮らしの話にほかならないし、しかも記憶として呼び起こされ、言葉に紡がれ、声で語られる価値のある話、話者にとって好ましい大切な話なのだ、と私は感じました。

そしてさらに考えれば、それは「子どものころそのように楽しく話を聞いた」という体験、事実、「あったること」の話でもあります。昔話の語り手にとっても、昔話という「架空物語」の記憶も、たしかな「あったること」としての語りの風景の記憶と織りあわされて、その内面に棲みついているようにも思えてくるのです。

四　話に滲み出している「あったること」の凄み

山の中の地蔵さん

升沢の採訪の中で巡り合ったのが、本格的な昔話の語り手、曽根つき子さんでした。二〇一三年から一四年にかけて、「民話 声の図書室」では、伝承の語り手の記録として、つき子さんの語りを四回にわたって映像で撮影しました。

つき子さんの語る昔話の中に、「地蔵さんに笠かぶせた話」（「笠地蔵」）があります。撮影のときも語っていただきましたが、さらにつき子さんは、地蔵さんをめぐる別の実話や言い伝えも語ってくれたのでした。

升沢で生まれ育ったつき子さんは、山菜キノコを求めてあちこち山を歩く方でした。そんなとき、思いもよらず山中のあちこちに立つ、多くの地蔵さんに出会ったのだそうです。「なんでこんなとこに地蔵さまあるんだろ」といぶかっていたつき子さんに、ある人が一つの言い伝えを語ってくれます。高地で山水が冷たい升沢は、近代以前、米はわずかしか穫れなかったといいます。食うに困る年は、「穀つぶし」である動けない年寄りは、みずから穴に入って生きながら埋められた。そしてたくさんの子どものうちから、「だれそれも来い」「だれそれも来い」と呼んで、子どもたちを抱きながら埋められていった。それを聞いたつき子さんは深く驚き、にわかには信じられませんでした。

しかしすぐ、実家の田んぼに立つ地蔵さんのことを思い出します。つき子さんの実家は、升沢で戦前から米を作っている数少ない旧家です。その実家の兄や叔父の田んぼのかたわらにも、以前から地蔵さんが立っていました。兄や叔父はその地蔵さんが立つ田んぼの一角だけは、決して家族には掘らせず、自分だけで掘り、ときに田んぼの中から出てきた骨のようなものを拾い集めると、寺の墓地に埋めに行かせるのだといいます。

それ以来つき子さんは、山を歩いていると「あそこにも地蔵さんある」「ああ、ここにも、あそこにもある」と、「呼ばれているように」多くの地蔵さんに出会うようになりました。「あそこに埋けらったのかなぁ」「ああ、あそこにも……」と思い思い、「さみしいっていうか、なんていうか、なんともいえない」心持で、地蔵さんを拝んでくるのだそうです。

話と「あったること」の記憶

つき子さんの「地蔵さんに笠かぶせた話」は、「笠地蔵」として広く知られる昔話の筋立てから決してそれる話ではありません。ただ、地蔵さんの数がときに一〇人であったり一二人であったり、とくに定まった数でないところが話の趣と面白さではありますが。

ここで昔話としてよく知られた「笠地蔵」のお話は、語り手つき子さんの身の内においては、暮らしの中でまのあたりに出会う、実家の田んぼや山中に立ちつくしているたくさんの地蔵さんたちの風景を、その背後に無数に重ね映しにしてたくわえられているのだと感じます。それはまた、山間集落の飢饉の記憶、「あったること」を暗示する記憶でもあります。

五　わが身一つをなかだちとして

話を身にたくわえるということ

一つの物語が一人の身に棲みつくということは、よく考えると不可思議なことのように思えます。言葉で編まれた一つのお話はモノではない、だから花籠や花瓶を手渡すように、そのまま身から身へ移すことはできない。語り手が言葉を紡ぎ捏（つく）ねて、話の籠を編み瓶を造り、その器にわが身の記憶を土や水や草や花としてあふれるように盛り込んで、声にのせて聞き手に差し出す。しかし聞き手は、その花籠そのものを受け取ることはできない、自らの身の内でわが身の言葉を編みわが身の記憶を盛り、花籠を日々育てていくことでしか、お話はわが身の一部にはならないのですから。そして、籠や瓶しか見えなくとも、盛られた草花水土の香りや生気は声にのって届けられるのではないか、そんなことを思います。

このことは、あるいは「伝承の語り手」ならぬ、現代の学んで語られる方々に「引け目」を感じさせるかもしれません。しかし翻って思うと、わが身にとってはあらゆること、外界も内面も体験も感情も知識も、すべて「あったること」の記憶とすることができる。わたしだけの花を盛ることはできるのだ、とも思えないでしょうか。

語り継ぐことと再話

二〇一五年一二月二七日に開催された第三回の「民話　ゆうわ座」で、「再話」について考えました。

「再話」を原理的に考えるなら、「聞いたり読んだりした話をわが身に受け入れ、ながめ、なじませ、あたためて、わが身から生まれる言葉を声や文字にのせて語ること」ではないかと話しました。そうであるなら、再話の積み重ねによって話は語り継がれてきたことになります。

そして、えんえんと無数の人々によって語り継がれてきた同じ一つのお話は、わが身のうちにわが身の言葉と記憶によって紡がれ盛られた、ただ一つのわたしのお話でもあるのではないか、このごろあれこれとそんなことを思っています。

参考文献

・みやぎ民話の会の歩みと震災以降の活動については、小野和子「三・一一を語り継ぐために」（石井正己編『震災と語り』二〇一二年、三弥井書店）、小野和子「映像と声と」（石井正己編『震災と民話』二〇一三年、三弥井書店）、小野和子「「語り」「聞く」という営みに思うこと─東日本大震災の波の中から─」（『口承文芸研究』第三八号、二〇一五年）などを参照。

・黒川郡升沢地区の調査の詳細は、『升沢にくらす 集団移転に伴う民俗調査報告書』（東北民俗の会・宮城県大和町編、二〇〇三年）の「第7章 伝えられる話」を参照。

・曽根つき子さんの昔話は、小野和子・山田裕子編『宮城県黒川郡七ツ森周辺の民話』（二〇〇六年、日本民話の会）参照。また、せんだいメディアテークの映像音響ライブラリーに、語りの映像がＤＶＤ四巻となって配架されている。

・これまでの「民話 ゆうわ座」の内容については、せんだいメディアテークのホームページ上の「考えるテーブル」にレポートが掲載されている。

論考

語ること、伝えること
―地域での実践から―

増山正子

プロフィール
所属　NPO法人まちだ語り手の会代表理事
専門　読書ボランティアコーディネーター
代表著書　『図書館森時代』共著、日本社会地域研究所刊

一　地域の教育力としての語り

若い頃、私は更生保護関係のボランティア活動に携わっていました。いくつかのケース活動で子ども達と触れ合う中で、幼少時の環境が人格形成に大きく影響していること、親以外の大人とのコミュニケーションが重要であることを学び、いつか地域で、子どもたちの心を支えるボランティア活動をしたいと考えておりました。

家庭を持ち、子どもが生まれた一九七〇年代頃はまだ我が家の周りには自然が残っていて、子どもたちは、異年齢の子らと遊び集団を作り、夕方暗くなるまで泥んこになって遊びほうけていました。木登りが得意な子、ザリガニ取り名人、縄跳びが上手な子……、遊びの中には子どもたち一人ひとりが主人公になれる場があり、感覚器官をとぎすましての実体験がありました。しかしファミコンが出始め、子どもの生活環境に徐々にOA機器が入り込んでくるようになると、子どもたちは外遊びよりもゲームに興味を持ち、人間との生の声でのコミュニケーションは希薄になっていきました。大量の情報がダイレクトに子どもにも届くようになり、一家庭だけで子どもを守ることが難しい社会環境になりつつありました。

そんな一九八〇年代の中頃、公民館の手作り絵本の講座を受講して、昔話の語りに出合ったのです。昔話を絵本にというとき、伝承されてきた昔話の深層には、語り継がれてきた人の分だけ知恵や倫理観等の普遍的・根源的モチーフが濃縮され潜んでおり、それらは肉声で語られることによってのみ聞き手に深く入っていくということを学び、「昔話」は活字として本に閉じ込めてはならないと思いました。ひと昔前まで、子ども達は家庭や村落共同体の中で周りの大人から昔話を聞いて育つことにより、何の葛藤もなく大人になることができたといいます。そうした語りの座は、今やテレビや電子機器にとってかわられ、子どもが育つ過程での社会環境は劣悪の一途を辿り、人間関係が非常に希薄になってきていることを感じます。閉塞感をも感じさせるこうした現代社会において、まなざしを交わしながら、魂が宿るとされている肉声で、意義ある物語を語って聞かせる場こそが、地域社会にとって必要なのではないか、子どもたちにお話を語る活動こそ大きな地域の教育力になるに違いないと考え、お話を語る仲間を得ようと思いました。

二 「まちだ語り手の会」を立ち上げる

市立図書館に「語り手養成講座」の開講を依頼したところ、町田では前例がないということで却下されました。しかし、公民館の有能な社会教育主事の快諾により、地域の文庫関係の人も交えて講座内容を共に練り、八回の連続講座が開かれました。定員の二倍近い百名余りの応募があり、語りに興味を持つ人が多いのに驚きました。講座終了後の一九八四年四月、受講生を中心に「まちだ語り手の会」が誕生しました。

その頃、日本古来の囲炉裏端の素朴な語りを子どもたちに、という動きに加えて、欧米の流れを汲む児童サービスの一環としてのストーリーテリングが図書館で徐々に取り入れられるようになり、全国的にも読んで覚えて語るという書承の語り手（現代の語り手）が、増え始めていました。

私たちは、囲炉裏端の素朴な語りから、楽しい一人読みの読書へ誘えるようにと願って活動を始めました。

三　市立図書館でのストーリーテリング

当時、絵本読みと紙芝居が主流だった市立図書館のお話会に、語り（ストーリーテリング）を取り入れて欲しいと要望し、児童サービスに語りのボランティアが受け入れられるようになりました。図書館側は、市民に平等にという考えからボランティアを公募し、その結果、子どもにボランティアをさせているのではと思える語り手も出てきました。研修・研鑽の必要性を強く訴えた結果、語り手のための初歩的な講座が毎年実施されるようになりましたが、社会状況からか図書館のお話会にくる子どもの数は年々減って低年齢化されていきました。

町田市立図書館のお話会は、図書館の蔵書と結びつけることが要求され、出典本がないお話は原則語ることができません。町田の民話も出典本がないため語ることができず、耳から聞いたお話を子どもたちに語って聞かせるという昔話本来の語りの場としての機能を図書館のお話会に求めることは出来ませんでした。

そのため「まちだ語り手の会」は、既に市教委が採話していた民話（殆どが世間話）を再話し、語りのテキストとして『語って聞かせる　町田の民話』を刊行、学校や図書館等で地元の民話を語る人が増えていきました。

四　現代の語り手（書承の語り手）として

私たちが、読書への誘いの一つとして昔話を語り始めて間もない頃、当時国学院大学教授であった故野村純一氏の「子どもの読書に関する講座「日本の昔話」」の講演を聞く機会に恵まれました（於：多摩教育センター／一九八八年一一月三〇日（水））。氏はその中で、「ストーリーテリングは図書館に親しみ読書に期待を持つといわれているが、決してそういうことにはならないと思う。ストーリーテリングと語りとは、もっと違う楽しみがあり、読書に結びつく必要はないだろう。語りは、語りの世界で自己完結するもので、読書の喜びの導入手段という考えは全く否定する」と言われました。

語り伝えられた昔話の世界は、文字が介入しない言葉の世界であり、お話を聞くことにより、文字社会に参加させるという読書とは違う原理で、一度活字化された昔話の語りは、口頭伝承にはつながっていかない、昔話の世界を理解してもらうには無文字社会（口頭伝承・文字が介入しない言葉の世界）の広がりを子どもに知ってもらうことである、といった意味のことを話されました。

書承の語り手が、子どもたちの耳にたくさん昔話を伝え、聞いた子どもたちが、聞いた話を自分の言葉で次の人に語ることで、伝承の語り手になりうるのでは、また、楽しいお話を聞いた後、もう一度その楽しさを味わいたいために書かれた物語に興味を持ち、本に手を延ばすのではないかと考えていた私は、その時はよく理解できませんでした。

そのあとすぐ、福島の語り手遠藤登志子さんの語りに出合い、語りは、語りの世界で自己完結する、昔話には、確かに無文字社会の広がりがあるということを知りました。

五　伝承の語り手が持つ昔話の世界

一九八九年春、会の五周年記念で福島の語り手遠藤登志子さんの語りを聞く会を持ったとき、公民館のホールには、午後の部（子どもたちも一緒に）一一〇名、夜の部六〇名の方が聞きに来てくださり、会場は笑いの渦に巻き込まれました。

登志子さんの追っかけをしていた私は、「放送では流せない、活字にはなりにくい、口承で引き継がれていく昔話を、私は生きている限り語り続けたい、私が死んだら昔話も死ぬのでは切ない」という言葉を何度もお聞きしました。そして、お会いするたびに、「何か一つ語れるようになったかね」と聞かれ、「大まかな筋を覚えて、自分なりに語ればよいのだ」と言われましたが、昔話だけではない昔話の世界の空気や匂いの広がりとあの絶妙な遠藤節が語りの神髄だと思うと、文字に書かれた昔話を覚えるように簡単には手が出せないことが理解できました。

その後も、私たちの会は、佐島信子さん（岩手・江刺）、馬場マスノさん（新潟・守門村）、笠原政雄さん（新潟・北魚沼郡）、渡部豊子さん（山形・新庄）等、多くの伝承の語り手を何度もお呼びして昔話を聞く会を持ち、一度も文字を介在しない語りの醍醐味を味わい、子どもたちに語り継ぎたいと思えるお話にもたくさん出合いましたが、〝筋を覚えて自分なりに語ればよいのだ〟という語りには至らず、書かれたものを覚えて語るという域からなかなか出られないのです。

しかし、書承の語り手にしても、覚えた話を一字一句そのまま語るのではなく、自分で咀嚼して自分の言葉で次の人に伝えていくということが課せられているのではと思います。

ネイティブ研究家の北山耕平氏は、語り手の心は自由であらねばならない、とよくおっしゃいます。世界観・宇宙観を伝えていくものとしてのストーリーテリングは、よく聞くこと、よく見ること、よく覚えること、覚えたことをシェアーすること、そして、自分たちの世界観を実際に絵にできるようにして、次の世代に語り伝えることが大切だ、そのことにより価値観が繋がっていくのだ、とも。

六　日本の昔話をより身近に

豊かな日本の風土の中で語り伝えられ育まれてきた昔話は、幼い子でも分かる情緒的なものが多いのですが、今を生きる子どもたちにとって余りに違った生活環境の物語だけに、心の深層にどれだけ触れることが出来るのであろうか、少し心もとない気もします。

現代に則して翻訳されている外国の昔話に比べて、今や日本の昔話の世界は、博物館に行かなければ見られないようなものばかりです。そのため、子どもたちは理解しにくいのではないかと、日本の昔話を敬遠する語り手もいます。語り手自身が、周りの景色も生活様式もアメリカナイズされた中で育ち、日本の昔話そのものを楽しめないという人が増えているのも確かです。

そのような不安もある中、私たちは、感覚器官を研ぎ澄まして楽しんで聞いてもらえるように、自然を身近に引き寄せたお話会をと心がけています。春は原っぱでヨモギを摘んで団子を作るグループと共に「食わず女房」を、鶯の啼き声を聞きながら「うぐいすの里」を、月の美しい夜に満月の下で「お月さん金の鎖」「月の光でさらさっしゃい」を、雨の時には「ふるやのもり」、タニシが出てくるころには「たにし長者」、雪の降る頃には「雪女」「鶴女房」等々……、わらべ歌の心地良い響きも取り入れて語ることで、日本の昔が違和感なく入っていくようです。

また、ただ保護するだけの対象であった文化財は、法が変わり「文化財活用の促進を図る」となったことから、町田でも、江戸時代中期の国指定重要文化財の家屋で町田の民話の語りを依頼されたりもしました。囲炉裏や自在鈎や太い梁があり、昔の人の息遣いまで漂う中での語りは、昔にタイムスリップしたようで、初めて昔話を聞くという参加者からもとても好評でした。地域に根差した昔話は、こうした文化財や自由民権資料館など、徐々に語る場を広げているようにも思います。

しかし、何といっても私たちの語り活動の中核は、各クラスに入って授業時間に行う小学校でのお話会です。「読み聞かせはできるけれど、語りは忙しくて覚えられない」という先生の要望に応えて、語り手三名が出向いて、学年に合ったそれぞれの自分の持ち話と詩や手遊び、わらべ歌などを入れてプログラムを組み、語り中心の四五分間のお話会をするのです。お話会後は必ず「今日のお話は、全部、本から出てきていますよ」と出典本を紹介し読書へと誘います。

フランスでアニマシオン政策を学ぶ機会が何度かありましたが、子どもと本を結ぶ一番有効な手立てはストーリーテリングであるということを何人もの現地の図書館司書から聞きました。

伝承の語りは、活字の世界に誘うことはできませんが、文字から出てきた語りの世界は、読書へ楽しく誘うことが出来ると信じています。現に、お話会での出典本は、よく貸し出されているようで、耳から聞いたお話を、今度は目で、イメージを膨らませながら追体験をして楽しんでいるようです。

七　学校での実践から

会の発足当時、先生方が「落ち着きのない子だからウロウロして聞かないかもしれない」という子がクラスに何人かいました。しかし、そうした子に限って目を輝かして熱心にお話を聞くのです。その様子にどの先生も驚かれました。その子たちは、外遊びを楽しんでいる子どもたちで、自然の中で遊ぶことで、言葉を立ち上がらせる感覚器官が培われ想像する力が育まれていたのでしょう。

教室でのお話会は、机と椅子を後ろに下げて、床に体育座りをして聞いてもらいますが、一クラスに一人や二人、喧嘩をしたのか、机の間で泣いている子やふてくされている子が必ずいました。そうした子どもたちも、お話が終わる頃には、気がつくと、最前列に来てにこにことお話を聞いています。子どもたちは、昔話の中の主人公と共に旅をし、ともに困難を乗り越えて、最後に幸せを勝ち取ることで、心の中の不安を打ち消し、自らを克服しているのでしょう。

その頃の子どもたちの多くは豊かな感性を持っていました。

「くら～い、くらい、というお話をします」と言うと、わ～と教室のカーテンを閉めにかかり、面白い話をするとひっくり返って喜び、体中で喜びや驚きを表現していました。語り手ももっと喜ばせたくて面白い繰り返しを増やしたりしながら、お話の世界を子どもたちとともに旅をし、楽しむことができました。

八　おはなしの持つ力　昔話・物語に潜むもの

お話を聞く子どもたちの目は、時として物語を見ていて、聞き手の内面で起こっていることが、語り手にも伝わってきます。

面白い物語を丸ごと聞き終えたとたん、日常を見る目に戻った子どもたちは、語り手と共に長い旅をしてきたように満足な疲れが見て取れます。

ある夏の暑い日、四時間目はプール、昼食をはさんでの五時間目の五年生のクラスでのお話会で、集中してもらわねばと、まだエアコンなどない教室の窓をピシャと閉めて、二〇分余りの「魔法の馬」（ロシアの昔話）を語ったことがあります。その時のこと、「おしまい」といった途端、子どもたちが一斉に立ち上がって急いで廊下に出て水を飲み、すぐに帰ってきて元の席に座ると、さあ、次のお話は何？という顔で私を見たのです。物語の持つ力を感じさせてくれました。

しかし、聞き手を悲しくさせてしまったお話もあります。

養護学校で、「歌うふくろ」（スペインの昔話）を語り終えたとき、女の子がひとり、部屋からツッと出て行きました。やさしいお母さんに助けられるというストーリーでしたが、なぜだか気になって先生にお聞きすると、その子は、お母さんに捨てられた子どもだったのです。申し訳なさでいっぱいになりました。

そのとき、お話は聞く人の心の中に土足で入っていき、聞き手の心を楽しくも悲しくもさせるということ、お話を語るということは、聞き手の精神状態を左右するものだということに気づかされました。お話は、聞く前より聞いた後のほうが、心が楽しく、元気になっていなくてはなりません。それ以来、不特定多数で聞き手の状態がわからないお話会には、誰かに助けられるのではなく、元気な主人公が知恵を働かせて困難を乗り越え幸せになるというお話を選ぶようになりました。

「かしこいモリー」（イギリスの昔話）や「マーシャとくま」（ロシアの昔話）、「ホレおばさん」（グリム童話）など、小さい子も大きい子もドキドキハラハラ楽しんでくれるお話は、終わった時の子どもたちの顔に、良かったという満足感が見てとれます。

九　お話を選ぶということ

語り手は、お話を知るとともに、聞き手を知ること、聞き手にとってこのお話はどうなのか、ということが、非常に重要であることを、子どもに語り、様子を見ることで学んでいきました。
七、八歳の子どもに、落語のようなユーモアのある話や、逆さ話をしても、少しも笑いませんが、一番早く発達するといわれている、楽しい、悲しいという情緒的なお話は、よく聞いてくれます。
また、残酷な話はよくないとされる先生もおられますが、一〇歳前後の子どもたちは、怖い話を聞きたがります。残酷な話も、身近な人の温かいぬくもりと柔らかな肉声と優しいまなざしによって、自分が怖がりたい程度に調整して、大人とは違った感覚器官を働かせて聞くことができるようです。

例えば、「お月さん金の鎖」（日本の昔話）について、「もぎれて血に染まった……」という場面が印象に残り、残酷な話だからよくないのではという人がいますが、子どもの反応は全く違って、感想に描かれるのは、兄弟がお月さまで幸せに暮らしている絵であったり、池に映る木に登った兄弟の姿だったりするのです。

一〇　おはなしをより楽しんでもらうために

しかし、子どもたちのお話を聞く態度や反応は、この二〇年の間にずいぶん変わってきました。表情が乏しくなり、疲れている子が多く、非常に感受性が弱くなっているように感じます。食い入るように聞く子どもは減り、言葉が頭の上を通り過ぎていくのがわかるほど、聞こうという気持ちが萎えている子が多くなってきており、お話が年々伝わりにくくなっているのです
もちろん、学校やクラスによっての格差はありますが、最近、覇気がなく挨拶は下を向いたままで、

人の言葉に耳を傾けようとしない子どもが多いのです。

お話を楽しむという前提には、できるだけたくさんの体験をして言葉のイメージを蓄えておくことが要求されます。お話を楽しめない子どもたちは、耳から聞く言葉をイメージする力や語彙が非常に弱くなっており、言葉の裏にあるふくらみが感じ取れないようです。

例えば、森の中で迷ってしまって生きるか死ぬかの冒険をする話を聞く場合、本当の森の怖さを知っている子とそうでない子とでは、ハラハラドキドキ感が違ってきます。お話を始める前に「森を知っている人？」と聞くと、子どもたちのほとんどは、「知ってる！　知ってる！」と、「市民の森」とか造成された公園のような場所を言います。そうした森をイメージしながらお話を聞いても、心の中は耕されません。よりリアルに楽しんでもらうために、語り始める前に、ジャングルのように鬱蒼とした木々が生えている森の絵本や写真集を見せ、迷い込んだら怖いという森のイメージを持ってもらいます。字のない絵本や、詩やわらべ歌を使ってのそうしたお話への導入は、お話の世界への橋渡しとして重要な役割を果たしてくれます。

また、言葉が頭の上を通り過ぎていると思われるクラスの子どもたちには、少し長い詩を読み復唱してもらったり、よく聞いていないと解らない逆さ話などをして、笑うかどうかで聞いている力を試したりしながら、言葉に耳を傾けてもらいます。自分の気持ちを素直に出して、面白いところでは大声で笑えるクラスと、そうでないクラスなど、クラスの子どもたちのお話を聞く雰囲気は、どうも、担任の人柄が大きく左右しているようにも思います。しかし、お話を聞いた後の先生方の表情や声は、皆さんグッと優しくなり、クラスの雰囲気も違ってきており、肉声と物語の持つ力をかんじます。

一一　地域社会で語るということ

現代を生きる子どもたちに必要なのは、日常生活の中での、生身の人間同士の響きあう肉声であり、意義あるたくさんの物語を生の声で聴くことのできる場があるということ、そのことこそが電子時代における人間性の回復につながるのではと思っています。

これからも地域の中で、昔話や文学に書かれたファンタジーを語るだけではなく、日常の出来事を、世の中で起こっていることを、そして起こってきたことを、肉声で、目と目を見て、多くの人を巻き込みながら仲間とともに語り継いでいけたらと願っています。これらの活動が、閉塞された社会に少しでも風穴を開け、平和をもたらす力になることを信じて。

論考

子育てと昔話

久保華誉

プロフィール
所属　日本民話の会・外国民話研究会
専門　口承文芸
代表著書　『日本における外国昔話の受容と変容―和製グリムの世界』

一　はじめに

近頃テレビで、昔話や伝説をもとにしたＣＭを見かけます。例えば携帯会社のＣＭでは、桃太郎、浦島太郎、金太郎が登場し、互いに友人として会話しています。それぞれの話を知っているからこそ面白いパロディです。ＣＭの中で、桃太郎はかぐや姫と結婚し、枯れ木に花を咲かせたり、浦島太郎はカメを抱えて競走したりします。ところが、今の子どもたちはこのＣＭを見ても、パロディであることや、本来は別の話であることも分からないことが多いそうです。子どもたちがあまりに日本の昔話を知らないので、小学校の先生から、常識として家庭でも昔話を読んで伝えるよう言われたという話も聞きました。

日本は先進国の中にあって、昔話を子どもの頃に聞いていて、まだ話せるという語り手がいる珍しい国です。ところがその語り手も、今では孫には語らないという方が多いようです。原因はテレビで、子どもたちがテレビを見るので、昔話を話す機会がなくなったそうです。最後に語ったのは大雪で電線が切れてテレビが見られなくなった時だったという方もいました。このように伝承の語りを聞く機会は減って来ているものの、一方で岩手県の遠野などをはじめとして、町おこしと昔話が結びついて活発に語られている地域もあります。都市部でも、図書館などでのお話会では、まだまだ昔話は重要な位置を占めているのではないでしょうか。それに、白雪姫、シンデレラなどヨーロッパの昔話になりますが、ディズニーをはじめとして、アニメから昔話の世界に触れることもあるでしょう。

かく言う私にも現在六歳の長女がいますが、昔話を聞かせるよりも、絵本の読み聞かせが中心になっていました。0歳では昔話を最初から最後まで理解するのは難しいですが、絵本は0歳からと銘打ったものも豊富です。まだお話の分からない幼い子も見入ってしまう仕掛け絵本もあります。私の住んでいる市の図書館でも、子どもたちは0歳から絵本の読み聞かせには参加出来ますが、絵本なしの語りのおはなし会には、四歳にならないと入室出来ません。まるで、四歳以降でないと子どもは昔話などお話を聞きませんと言われているかのようです。

二　0歳から昔話を

確かに0歳から一歳ごろに昔話を語ってみても、予想外の反応が多く、話が中断されてしまう長女にはつい絵本ばかりになってしまいました。例えば、初めて0歳の頃の長女に昔話を語った時です。初めて静かに聞いていていましたが、突然、長女も言葉にならない喃語を発し始め、ずっと何やら話し始めてしまったのです。今思うと私の真似をしたのかもしれません。少し話が分かるようになった頃も、桃太郎が鬼退治に行こうとするくだりで、「あーちゃん、鬼退治したよね?」と語りを娘から終わりにされてしまいました。節分のころだったため、この間退治したのに、ということのようです。それにしても、昔話はやはり相手がまずは聞いてくれないと、話しにくいものだということを実感しました。

それでも何か昔話を聞かせたいと思い、見つけたのが藤田浩子『おはなしおばさんシリーズ六巻 きいてきいておはなし会』（一声社、二〇〇二年）という本でした。この中には、「桃太郎」を0歳から二歳の子どもに向けて語る例が出ています。出だしの桃が流れてくる場面では「お母さんは、お子さんを桃にして、ゆらゆらとゆらしてあげてください。」と書かれています。これを参考に私も、「むかし、むかし、あるところにおじいさんとおばあさんがいました。おばあさんが川に洗濯に行くと、おおーきな桃が、どんぶらこっこ、すっこっこ　どんぶらこっこすっこっこ　と流れてきました。」と語ってみました。娘を両手で抱えるようにしながら、「どんぶらこっこ　すっこっこ」に合わせてゆらしました。次の場面も、「うんまい　ももなら　こっちへこい（お子さんの手を持って、手招きするように）まーずい　ももなら　あっちいけ（お子さんの手を持って押しのけるように）」と書かれています。この後も、黍団子を作る、鬼が島に歩いていく、黍団子のやり取り、などを子どもに真似させながら話は続いていきます。初めは最後まで語れませんでしたが、徐々に伸ばしていったところ、娘も全部聞けるようになりました。こうした簡単な動作も幼い子にとっては楽しいようです。この真似をせずに普通に「桃太郎」を語るようになっても、繰り返しねだられました。例えば「おむすびころりん」などほかの話をし始めても、「桃太郎」がいいと言われてしまって困ったほどです。このほかの昔話に移れなかった理由として、馴染みのあるものがよいという子どもの性質もありますが、内容にもよるのかもしれません。「おむすびころりん」も隣の爺が穴から出られず暗闇でモグラになるのが怖かったようです。このような人間の話、本格昔話ではなく、動物が主人公の動物昔話からの方が、小さな子には入りやすいのかもしれません。動物昔話でなくとも、タヌキやキツネに化かされたという世間話や、動物たちが登場して、サルのしっぽが短い由来を語る「古屋の漏り」なども好んで聞いていました。

三　由来譚の魅力

このような物事の由来の話は興味を引くようでした。大根が白く、人参が赤く、ごぼうが黒いわけを、それぞれの風呂の入り方で説明した昔話を聞いたあとは、娘も、「ごぼうさんはお風呂が嫌いだから、黒いんだね。」と感心していました。お風呂を嫌がるときには、「大根さんみたいに白くなった方がいいでしょう?」と娘を諭すと、すんなり入りました。

そのほか、ソラマメに黒い筋があるわけを語る「豆と炭と藁」なども好きでした。ソラマメの話は、つるたようこ『まめとすみとわら』(アスラン書房、二〇〇二年)の絵本をよく読みました。作者はソラマメを食べるたびに、おばあさんからこの話を聞かされたそうです。あらすじを紹介しましょう。

おばあさんがソラマメを煮ようとしていると、鍋からソラマメが一粒ころがり落ちます。難を逃れたソラマメは、同じく台所にいた一かけの炭と一本の藁とで、お伊勢参りに行くことになります。しばらく行くと、川があり、どうやって向こう岸に行くか考えました。藁が自分が橋になろうと提案し、炭が

湯本武比古訳、黒崎修斎絵「をてんばまめ」（開発社、1900年）

まず渡るのですが、藁に火がついて燃えてしまい、炭は川に落ちて流れてしまいました。ソラマメはそれを見ていて大笑いして皮が破けてしまい、通りかかったお針子に糸で縫ってもらいます。それが黒い糸だったので、マメには黒い筋があるという話です。

長女は、食事中にぽろぽろこぼしても平気な子でしたが、この話を聞いたあとは、豆やトウモロコシのつぶなど小さいものを落とすと、「お伊勢参りに行っちゃうー！」と叫んで慌てて拾っていました。

「古屋の漏り」はインド、中国でも類話が語られています[1]し、ソラマメの話は、「炭と豆と藁」というドイツのグリム童話がもとになっている話と考えられます。[2]このように日本だけでなく、各地でも話されている話は、分かりやすいのか子どもの心に響くのでしょう。

四　修身教育に使われた昔話

実はこのソラマメの話は、明治時代に修身教育の教材としても出版されています。西欧文明を盛んに学び取ろうとしていた当時の日本では、ドイツのヘルバルト学派という教育学派が入ってきていました。ヘルバルト学派は子どもの道徳教育に昔話を使うことが大いに有効と考え、自国の昔話であるグリム童話を教材として使っていました。

明治時代の教育学者である樋口勘次郎（一八七一―一九一七）は、明治三一年（一八九八）に出版された『修身童話　第一巻』（開発社）の中で、次のように述べています。「グリムの昔話が、尋常小学校一年級の修身教授材料として、児童の理解に適し、興味に応じ、高尚なる感情を養ひ、明瞭なる倫理を教へ、時間を超越し、空間を解脱し、自在なる想像をはたらかして、純潔なる詩歌的生活を為さしめ、宇宙の万物を人視して、質朴なる思想上の交際をなさしめ、しかのみならず、豊富なる理科的知識を包含して、真を知り、美を愛し、善を行ふ方に導く、好材料なることはチルレル、ライン等の夙に唱導せるところ、余、其の説を読みて、大いによろこび、是れを我国に行はん（略）」として、「桃太郎」など日本の昔話とともにグリム童話を教材として使っています。このシリーズの第八巻が明治三三年（一九〇〇）に出版され、教育学者の湯本武比古が、「炭と豆と藁」の話を「をてんばまめ」と翻訳して紹介しました。お転婆な豆というわけです。因みにこれは、国立国会図書館のウェッブサイト「近代デジタルライブラリー」で気軽に読むことができます。

この「をてんばまめ」には、それぞれ着物を着て、藁が橋になり炭が渡るところを、ソラマメが笑っている挿絵もあります。

話の最後には、子どもたちに質問してこの話を道徳的に考えさせる例が挙げられています。例えば、ソラマメたちは「真の善き朋輩と曰はるるか」、「そらまめは何を為すべきであるか」、「そらまめの不幸を見て、笑はざりし者は誰か」、「他人の憂を楽しむ者は、如何なる目に逢ふか」などです。ソラマメは、友人の災難を見て笑いすぎてお腹の皮が破れますが、通りかかった医者に黒い糸で縫ってもらって助けられています。こうした話を踏まえて、子どもたちに問いかけて考えさせるというものでした。

五　子どもの好きな山姥・鬼・河童

このように、昔話が教育に利用されることは今も変わりなく、ある友人は子どもに「そんな子のところには、山姥が来るよ」と言うと、よい子になると話してくれました。友人は、子どもが二、三歳のころに「三枚のお札」のアニメを見せたそうです。お寺の小僧さんが、追いかけてくる山姥から一枚ずつお札を投げて逃げるお話です。この追いかけてくる魔物から呪宝を使ってやり過ごすというのも世界的にみられるモティーフです。図書館などの読み聞かせでも何度も聞いているはずの子どもたちも「きゃー！」と叫んで話に入り込むほど人気があります。

子どもは、昔話や伝説の登場人物、山姥、鬼、河童など不思議で恐ろしい存在が気になるようです。現在も妖怪たちが活躍するアニメ「妖怪ウォッチ」が大人気です。登場する妖怪たちは、創作も多いですが、河童、人魚はもちろんのこと、尻尾が九つあるキツネの妖怪九尾（きゅうび）や、はては都市伝説の人面犬など、伝承の妖怪も多数登場しています。猫の妖怪ジバニャンのしっぽが二つに分かれているのは、化け猫になるとしっぽが二股になるという伝承を踏まえているのでしょう。

長女もこのアニメが好きですが、三歳のころから、特に河童や鬼に興味津々でした。福音館書店から

『たくさんのふしぎ』という子ども向けの雑誌が出ていますが、その中から傑作集としてハードカバーの書籍になるものがあります。この中の武田正『河童よ、出てこい』（梶山俊夫（画）、一九九八年）や大西広『鬼が出た』（梶山俊夫（画）、一九八九年）は、図版も豊富で小学校中学年以上向けとはいえ、未就学児から楽しめる良書です。娘が三歳のころに、『河童よ、出てこい』の中にも出てくる、河童駒引譚を話してみました。河童が馬を川に引き入れようとして失敗して人に捕まり、詫び状を残していく話です。するとと、「河童さんは、ただお馬さんに乗りたかったんだよ」と河童をかばっていました。民俗学者の折口信夫も河童駒引譚に関して、元水の神であって今は零落した河童が、尊貴の乗り物の馬に乗って自分の格を上げようとするのではないかと論じています。また長女には、節分になるとなぜ鬼が来るのかと聞かれたこともあります。折口信夫の「春来る鬼」という論を「節分は季節の分かれ目で春が来る時なのだけれど」と簡単に説明していたら、その途中で「あー、鬼は強いから、春の元気を連れてくるんだね」と子どもなりに納得していました。まだ幼い子どもの思うこと、分かることと同じ折口の柔軟な眼差しに感心するとともに、昔話を聞くことから子どもは色々なことを想像し、考えるのが分かります。

六　幼稚園教育での昔話―「エパミノンダス」を例に

現在の幼稚園や保育園でも、昔話を子どもたちに聞かせたりしているのではないでしょうか。長女の通った幼稚園でも、「エパミノンダス」の話を子どもに聞かせて、家で覚えていることを話し、親が書き留めるということがありました。話の内容は、このような話でした。

エパミノンダスという男の子が、おばさんのところにお使いに行きます。おばさんは、エパミノンダスにお菓子をくれるのですが、エパミノンダスはお菓子を両手で握って帰ってきたので、お菓子はつぶれています。お母さんは「葉を取って大事に包んで帽子に入れておかえり」と話します。次におばさんは、バターをくれ、エパミノンダスは、葉に包んで帽子に乗せて帰ったので、バターはとけて、顔も頭も油だらけになりました。お父さんは「葉につつんで川の水にひたして冷やしながら帰りなさい」と話しました。また次におばさんが子犬をくれるのですが、エパミノンダスは川の水につけて冷やしながら帰ると子犬は死んでしまいました。

この話は東京子ども図書館の『おはなしのろうそく一』（一九七三年）でも、松岡享子訳の「エパミナンダス」というタイトルで収められています。アメリカのサラ・コーン・ブライアントの子どもに語るお話集『Stories to tell to children』（一九〇七年）を翻訳したものです。原書にはブライアントが、序に、ケンタッキーの友人からアウトラインを聞いたと書いており、ブライアントが再話したものと考えられます。こちらの原書では、子犬が死んでしまった後、お母さんがまた「子犬をもらったら、地面に置いて長いひもで子犬の首に結んでそのひもをひっぱってくるものだ」と教えます。すると次の日、またおばさんにパンをもらったエパミナンダスは、パンをひもで結んで地面に置いて、ひっぱって帰ってきたので、お母さんはあきれてしまいます。パンを作っていたお母さんは、パンを干しているから足の踏み場に気を付けるようにと話します。するとエパミナンダスは、気を付けてパンを全部踏んで歩きました。

このように笑い話として締めくくられます。この話では、愚かな息子の話ですが、日本の昔話の類話では、愚かな婿が主人公です。「一つ覚え・物貰い型」という話で、やはり笑い話に分類されます。愚かな婿が嫁の実家に行って、金をもらったのに金を投げてしまい、「袋に入れるものだ」と妻に言われます。次に馬をもらうのに、馬を袋に入れようとして逃げられたり、他の話では切り刻んで袋に入れたりして、「手綱を引いて連れてくるものだ」と妻に言われます。また次に鍋をもらったら綱を付けて引っ張って帰ってきてしまうというように、同じ形で失敗してしまう話があります

これらの話は、前の失敗での助言を、他のことにもそのまま行ってまた失敗する愚かな息子、婿を笑う話であります。この話を幼稚園の創立者である羽仁もと子は、教育的なメッセージを込めて『子供読本』（婦人之友社）で紹介しています。これは昭和二年（一九二七）に出版された子ども向けに書かれた本で、「エパミノンダス」は「臨機応変」という題の話の中で使われています。

話の冒頭では、「エパミノンダスは、何でもお父さんやお母さんのいう通りになっていさえすればよいと思って、自分でものを考えるということをしませんでした。」と書かれています。エパミノンダスのおばさんも「よい子のよい子のエパミノンダス」と呼びかけますが、これらの文章はブライアントの原文にはありません。羽仁もと子は、エパミノンダスを自分でものを考えず、大人に言われたままに行動する、大人の都合のよい「よい子」と考えたのかもしれません。そんな子どもになってほしくないという思いで、話の最後にも「人のいうことばかりきいて、よく考えないと、エパミノンダスになります。」と付け加えています。

本来は何の教訓性もないただの笑い話に、このような教育的なメッセージを込めていることが興味深

いです。この話を子どものころ聞いた友人は、聞いた話の中で一、二を争う強烈さで覚えているし、エパミノンダスにならないようにしましょうという言葉もしっかり心に残っていると話してくれました。『子供読本』の中では、「臨機応変というのは、思いがけないことが起こってきても、あわてずによい智恵を出すことをいうのです。お父さまやお母さまや先生の教えて下さることを聞くばかりでなく、自分の頭でいつでもよく物を考えるようにすれば、自然に頭の働く子」になれると書かれています。

昔話はただお話として純粋に楽しんでほしいという意見もある一方で、このような教訓を、ただ抽象的に話すよりも、昔話と結び付けて諭す方が子どもの心に響きやすいのでしょう。

現在、昔話をあまり知らない子どもも増えたようですが、一方で本屋には「頭のよい子に育てる」とキャッチコピーがついて、毎日三六六日分を寝る前に読むように、古今東西の昔話や童話のあらすじをまとめた本も数種類おかれています。グリム童話、イソップ童話、アンデルセン童話などをそれぞれ可愛い絵とともに子ども向けに書き直したものが何種類も並んでいます。病院の待合室には、アニメ風の小さな版型の絵本が大抵置かれています。中には残酷と思われる部分を書き直して、みな仲良く暮らしましたと書き直しているものもあります。この問題は、昔話の研究者、ストーリーテリングの実践者たちから、子どもは残酷な部分をリアルに想像しない、話の本質を追って聞いているから問題はないと言われています[3]。残酷さを心配して、改変することは杞憂であるし、余計なことでもあるようです。一方で、グリム童話の通常普及している最終版ではなく、より分かりやすいと判断したのか初版の話の方を採用するという、資料にきちんとあたった子ども向けもありました。

私自身も今までは、あらすじではなく、調査で採話された語り口が豊かな昔話に触れさせたい、完訳で読んでほしい、などとついこだわっていた部分もあります。しかし、形はどうあれ、最初の入り口としてたくさんの子どもに広く昔話の世界に触れてほしいと願っています。

注

（1）立石展大『日中民間説話の比較研究』（汲古書院、二〇一三年）。

（2）久保華誉『日本における外国昔話の受容と変容—和製グリムの世界』（三弥井書店、二〇〇九年）。

（3）野村泫『グリム童話—子どもに聞かせてよいか？』（ちくま学芸文庫）（筑摩書房、一九九三年）。
松岡享子『子どもと本』（岩波新書）（岩波書店、二〇一五年）巻末には「子どもたちに昔話を読んで聞かせようとお思いになった方のために」という昔話の本のリストがある。

論考

昔話を語り継ぎたい人のためのブックガイドと選書の方法

青木 俊明

はじめに

私は、一九七〇年代後半に地方都市で農家の次男として生まれました。私は幼かった頃に、祖父や祖母から浦島太郎や桃太郎のお話を聞いた覚えがあります。その頃までは、昔話は語ってもらうものでした。しかし、それから三〇年以上過ぎ、状況はすっかり変わりました。核家族化が進み、自宅で祖父母から昔話を語ってもらえる子どもは、本当に少なくなりました。

今、昔話は、寝る前に親から絵本で読んでもらうもの、図書館のおはなし会で聞くもの、学校で朝読の時間にボランティアの語りで聞くもの、小学校の教科書で学ぶものになりました。かつてと語られる場は変わりましたが、昔話は、おはなし会や朝読書でも子どもたちに人気があり、「困ったときには昔話をやればいい」と言われるほどです。このような現状もあり、毎年、昔話に関する本がたくさん出版され、どの本を選べばいいのかわかりにくくなっています。そこで、本稿では子どもたちに読み聞かせたり、語り聞かせたりするのに適した本を紹介します。

読み聞かせに適した日本の昔話

最初に読み聞かせに向く日本の昔話の絵本から紹介します。

◆桃太郎

「桃太郎」は福音館書店の『ももたろう』（日本傑作絵本シリーズ　松居直／文、赤羽末吉／画）がおすすめです。初版が一九六五年に出版され、半世紀にわたって読み継がれてきました。このように世代を超えて楽しまれてきた本には、子どもを惹きつける魅力がありまます。この絵本の「桃太郎」は、松居直が日本全国の桃太郎を読み比べ、その中から青森県五戸に伝わる桃太郎が「一番感情豊かで、イメージがよく出ている」ということで再話したものです。そのような事情もあってか、私たちがよく知っている「桃太郎」とは少しストーリーが違います。桃は「どんぶらこ、どんぶらこっこ」と流れてきませんし、おじいさんとおばあさんは桃太郎が鬼ヶ島に行くことをなかなか認めませんし、桃太郎は宝物ではなく、お姫様を鬼ヶ島から連れ戻し、お姫様と結婚するなど、かなり大きな違いがあります。ストーリはオーソドックスなものと異なりますが、赤羽末吉の絵とも調和し、この絵本は高い評価を得ています。また、「桃太郎」には、三年寝太郎のようにぐうたらな桃太郎もあります。このような「桃太郎」は四国や中国地方に伝わっています。そちらの絵本には『ももたろう』(講談社の創作絵本シリーズ 代田昇/作、箕田源二郎/絵)があります。こちらと読み比べてもおもしろいでしょう。

◆かちかち山

福音館書店の『かちかちやま』(日本傑作絵本シリーズ おざわとしお/再話、赤羽末吉/画)を推薦します。この絵本も世代を超えて楽しまれている絵本です。「かちかち山」は、おばあさんが婆汁にされ、おじいさんに食べられてしまうことや話の結末から残酷だと言われ、最近の絵本では、おばあさんが怪我をする話や最後の結末についても残酷な結果にせずに終わる話など、ずいぶん多くのバリエーションがあります。しかし、この絵本では婆汁にもされますし、最後はタヌキが土の船に乗り沈められるお話です。こちらの絵も赤羽末吉が描いています。タヌキの表情がすばらしく、おじいさんに真実を告げた時の表情は本当に悪タヌキの顔ですし、ウサギと一緒に土の船を作っている時の表情はだまされていることに気付かずに真剣そのものです。絵も大きく、話の場面と対応していて、読み聞かせに向いています。

◆猿蟹合戦

岩波書店の『かにむかし』(木下順二/文、清水崑/絵)の評価が高いです。こちらは佐渡に伝わる伝承を再話した絵本です。ストーリーは、カニが柿の種を拾い、育てるところから始まります。そして、柿の実がなったところでサルに横取りされ、まだ熟していない実を投げつけられて、カニは潰されてしまいます。しかし、甲羅の中からカニの子どもたちが出てきて、やがて敵討ちをします。この絵本のストーリーの特徴としては、子ガニが栗やハチ、牛の糞、はぜ棒、石臼と仲間になる時、きびだんごを分け与えるところにあります。「桃太郎」の影響があるのかもしれません。また、絵本の構成上、読み聞かせの際、気をつけなければならないことがあります。それは、サルに焼けた栗が飛ぶ場面からハチに刺される場面の絵が文章よりも前の見開きに出て来ることです。この構成では、何も知らずにページをめくると、何の絵なのか分からないという状況が生まれてしまいます。加えて、岩波書店の絵本は、シリーズによって絵本の大きさが異なります。『かにむかし』も、「岩波の子どもの本」と「大型絵本」の二つのシリーズから出版されています。「岩波の子どもの絵本」は縦二一センチで、「大型絵本」が縦三三センチです。違うのは大きさだけですので、読み聞かせの人数によって使い分けが必要になります。

◆舌切り雀

福音館書店の『したきりすずめ』（日本傑作絵本シリーズ　石井桃子／再話、赤羽末吉／絵）が子どもたちに喜ばれます。この絵本では、おじいさんが雀をかわいがる様子が、「一わのすずめをかって、とてもとてもだいじにそだてていました」としか書かれません。おばあさんが雀の舌を切った理由に雀への嫉妬が感じられず、それ故におばあさんのひどさが際立つストーリーです。また、この絵本は昔話の一つのパターンである繰り返しや善と悪の対比でストーリーが進み、小さな子どもでもお話を楽しむことができます。絵についても遠くからも見やすく、絵に描かれた場面と文章が一致しているため、読み聞かせに向いています。また、雀のお宿でたくさんの雀の中からおじいさんがかわいがっていた雀を見つける際、赤い前掛けが目印になります。この絵本では最初にこの雀が描かれる場面から、赤い羽の雀として描かれるのも見所の一つです。

◆浦島太郎

福音館書店の「うらしまたろう」（日本傑作絵本シリーズ　時田史郎／再話、秋野不矩／絵）が読み聞かせに向いています。この絵本のストーリー上の特徴は、浦島太郎によって助けられた亀が実は乙姫で、亀を従えて太郎を迎えに来るところにあります。文部省唱歌を聞いて育った人には、少し驚くようなストーリーです。絵については、日本画家である秋野不矩の淡い水彩画が海中や竜宮城の雰囲気によく合っています。ただ、太郎と乙姫が竜宮城に向かう場面のみ、縦置きの見開きになるため、読み聞かせの際には注意が必要になります。

◆こぶとりじいさん

おじいさんが鬼の宴に参加し、一人のおじいさんは瘤をとってもらいますが、もう一人のおじいさんは瘤をとってもらうどころか、もう一人のおじいさんからとった瘤をつけられてしまう話です。この話の絵本としては、福音館書店の『こぶじいさま』（日本の昔話こどものとも絵本　松居直／再話、赤羽末吉／絵）を薦めます。ただし、この絵本の話は、おじいさんの額に瘤があることや、おじいさんが鬼の歌に続けてうまく歌い踊ることができたか否かによって、瘤を取られるかが決まるところに特徴があります。「こぶとりじいさん」は、正直なおじいさんの瘤が取られ、意地悪なおじいさんの瘤は取られないという「隣の爺型」のパターンの話が多いのですが、この絵本は正直か意地悪かといった要素はありません。この絵本では、二人のおじいさんが同じパターンの動きを繰り返すことになりますが、同じ場面でも絵では背景の色や鬼の表情が描き分けられており、絵だけ見ていても何が起きているのかわかるような工夫がされています。

◆その他

福音館書店から出版されている『ふるやのもり』（日本の昔話　こどものとも絵本　瀬田貞二／再話、田島征三／絵）や『くわずにょうぼう』（日本の昔話　こどものとも絵本　稲田和子／再話、赤羽末吉／絵）、『さんまいのおふだ』（日本の昔話　こどものとも絵本　水沢謙一／再話、梶山俊夫／画）、『うまかたやまんば』（日本傑作絵本シリーズ　小澤俊夫／再話、赤羽末吉／絵）、『やまなしもぎ』（日本傑作絵本シリーズ　平野直／再話、太田大八／絵）、ポプラ社から出版されている『ちからたろう』（むかしむかし絵本　いまえよしとも／ぶん、たしませいぞう／え）なども、読み聞かせに向いている本です。タイトルだけ紹介した絵本の中には、あまり有名ではない話もありますが、繰り返しが含まれたり、ストーリーが時間軸に添ってまっすぐに進んだり、絵と文章が調和していたり、どの本も読み聞かせに向く絵本の要素を含んでいますので、ぜひ子どもたちに手渡してください。

語り聞かせに適した日本の昔話

次に、日本の昔話をストーリーテリングで語って聞かせたり、あるいは絵を用いずに文字だけを読む際に用いるのに適した本を紹介します。これまで紹介した本とは異なり、絵がないために子どもたちがお話の世界を一から想像しなければならず、子どもたちにとっては少しハードルが上がります。現代の子どもたちにとっては見たこともない調度品などが出てくるときは、必要に応じて語る前に説明をしておくといいでしょう。

このタイプの本としては、こぐま社から出版されている**『子どもに語る日本の昔話』**（稲田和子／著、筒井悦子／著）全三巻があります。こちらは、再話に当たって「『昔話の本質に忠実に』、平たくいえば『優れた語り手のからだをくぐりぬけたように』書くことを目指し」たが、子どもにわかりやすくするために、「方言は始まりと結びの言葉、となえ言葉や会話を中心に残した」ということが方針として記されています。再話されている話は、三巻で七五話になり、それぞれの巻末には、再話元の資料について出典が明記されています。挿絵もなく、言葉だけで楽しむための本です。

ほんの少し挿絵が入りますが、言葉で昔話を楽しむ本に福音館書店の**『日本の昔話』**（おざわとしお／再話、赤羽末吉／画）全五巻があります。こちらのシリーズは、五巻で三〇一話の昔話を収録しています。再話の方針として、「日本の昔話の世界全体がつかめるように」、土地の言葉で記録された昔話を「すべて共通語で再話」すること、「人物の性質や気持ちは、ストーリーの中で、行動によって示される」ことなど、「昔話の語法に忠実に従うこと」を掲げています。また、第一巻はお正月の話などの春に関連する話を中心にまとめ、第五巻の最後は大歳の話で終わるという構成も一年の循環と対応しています。また巻末には、現代ではあまり目にすることがなくなった昔話に出てくる道具類が見開きに挿絵でまとめられていて参考になります。

岩波書店の**『わらしべ長者　日本の民話二十二編』**（岩波世界児童文学集、木下順二／作）も、赤羽末吉による挿絵入りの昔話の読み物です。この本は、岩波少年文庫に『わらしべ長者―日本民話選』として改題されて入っています。木下順二の再話は、民話の語り口をなるべく生かそうとしたものですが、土地の言葉が多く残っているのではなく、こぐま社から出版されている『子どもに語る日本の昔話』シリーズと同じくらい読みやすい文体で書かれています。

以上のように言葉だけで昔話を楽しむには、多少、土地の言葉を共通語に直した本の方が子どもにとって楽しみやすいです。そうは言うものの、読んでいて心地よいリズムを感じるのは、土地の言葉で書かれた昔話です。土地の言葉で語られた昔話を読み物で楽しみたい時は、三省堂から出版されている**『日本昔話百選』**（稲田浩二・稲田和子／編著）を選ぶといいでしょう。こちらは、土地の言葉で語られた昔話がそのまま収録されています。

読み聞かせ・語り聞かせに適した外国の昔話

ここまでは、日本の昔話を中心に見てきましたが、外国の昔話絵本や読み物にも子どもたちに語り聞かせたくなるようなすばらしいものがあります。時々、日本と外国とは生活習慣も違うし、文化も違うから、子どもたちには外国の話はわからないのではないかという話を聞きます。しかし、現代の子どもたちにとっては、日本の昔話に描かれる世界は異文化です。また、外国の昔話には、文化を越えて楽しむことができる普遍的な話もあります。日本の昔話と同じ話型のものもあります。ですから、ぜひ、世界の昔話にも目を向けていただきたいです。

こちらもまず絵本から紹介します。「三匹の子豚」の話では、『三びきのこぶた』（イギリスの昔話　こどものとも絵本　瀬田貞二／訳、山田三郎／絵）が読み聞かせに向いています。この絵本は古い伝承の形のままストーリーが展開します。一匹目、二匹目のブタはオオカミに食べられてしまいますし、そのオオカミも三匹目のブタに食べられます。しっかりと報復されるからこそ、子どもたちもこの話を楽しみます。繰り返しも用いられ、昔話らしい昔話です。山田三郎の描くブタは愛らしく、オオカミは恐ろしく、性格やその場面の状況が一目でわかるように描かれています。一つ一つの絵も大きいですので、読み聞かせに適しています。

福音館書店の『三びきのやぎのがらがらどん』（ノルウェーの昔話　世界傑作絵本シリーズ・アメリカの絵本　マーシャ・ブラウン／絵、瀬田貞二／訳）も読み聞かせにぴったりです。ストーリーは、「三匹の子豚」とほぼ同じです。一匹目、二匹目のヤギがトロルという怪物に襲われそうになりながら逃げ、三匹目がトロルを退治する話です。こちらも同じパターンの繰り返しで話が進み、最後にはハッピーエンドで終わるため、子どもたちにとても人気があります。マーシャ・ブラウンによるヤギの描きわけもすばらしく、だんだんヤギも

強そうになっていきます。トロルと対決する際、名乗りを上げる一番大きいヤギはとても迫力があり、それだけ見ても楽しめるほどです。

こちらも福音館書店の本ですが、『てぶくろ』（ウクライナ民話　世界傑作絵本シリーズ・ロシアの絵本、エウゲーニー・M・ラチョフ／え、うちだりさこ／やく）も子どもたちに喜ばれます。森に落ちていた手袋に動物たちが入っていき、手袋がパンパンになります。そこに持ち主のおじいさんが探しに戻ると、先駆けてきた犬を見て動物たちが逃げたという話です。文字にすると温かみを全く感じませんが、ラチョフの絵を見ると何とも言えない温かさを感じ、ほのぼのとした気持ちになります。

続いては、絵を用いずに言葉だけで世界の昔話を楽しむ読み物を紹介します。こちらもこぐま社の『子どもに語るグリムの昔話』（グリム／著、佐々梨代子／訳、野村泫／訳）全六巻があります。グリム童話の中から六四話収録されています。翻訳するときの方針として「日本語はできるだけ聞きやすく、分かりやすいものにしました。けれども、内容は原書のままです」と記されています。聞くことを意識し、それでいて内容の改編がないところが評価できます。このこぐま社の「子どもに語る」シリーズは、グリムの他に、アイルランドの昔話やアジアの昔話、イギリスの昔話など多

くの昔話集があります。いずれのシリーズもタイトル通り子どもたちに語って聞かせるのに適しています。

国別に一冊ずつ分かれていない方がいい方には、東京子ども図書館が出版している『おはなしのろうそく』があります。四八ページのお話集で、日本、外国の昔話はもちろんわらべうたや創作作品も掲載されています。このシリーズは、もともとはストーリーテリングのテキストとして作られたため、持ち運びしやすい大きさになっています。その他には、実業之日本社が出版している『子どもに聞かせる世界の民話』があります。朗読CD付でテーマごとに四冊に分かれたシリーズも最近出版されました。

読み聞かせ・語り聞かせに適した昔話の本の選び方

紙面の都合で、これ以上の本を紹介することが難しくなりました。そこで、最後に読み聞かせや語りに向く本の選び方をお示しします。まずは、再話が原話に忠実であることです。方言から共通語への置き換えなど必要最低限にとどめ、ストーリーを改変しないことがまず第一の条件です。次に、福音館書店、こぐま社、偕成社など、児童書の出版を続けてきた出版社の定評あるシリーズにある作品を選ぶことも大切です。今回紹介したものは、ほとんどが定評あるシリーズの古典作品です。これらの作品は、世代を超えて多くの子どもたちが楽しんできたからこそ、現代でも増刷されています。同じ昔話がたくさん絵本になっているにもかかわらず、増刷されるということは、それらの本には、子どもたちを楽しませる要素が必ずあることになります。本を選ぶ際には、新しく出版された本ばかりに目を向けるのではなく、これまでのたくさんお子どもたちによっておもしろさ、楽しさが証明された作品を選んだ方が間違いがありません。古くからあるから時代遅れな本だと思わずに、読み継がれてきた本をお選びください。皆さんの伝える昔話で、一人でも多くの子どもたちが昔話を楽しんでくれることを期待しています。

参考文献

・『あのね―福音館だより』福音館書店広報宣伝課、二〇一六年一月号
・尾野美千代『子どもに物語の読み聞かせを　読み聞かせに向く二六〇話のリスト』児童図書館研究会、二〇一四年
・日本図書館協会児童青少年委員会児童基本蔵書目録小委員会編『図書館でそろえたいこどもの本・えほん』日本図書館協会、一九九〇年

・日本図書館協会児童青少年委員会児童基本蔵書目録小委員会編『図書館でそろえたいこどもの本2　文学』日本図書館協会、一九九四年
・松居直『絵本を見る眼』日本エディタースクール出版部、二〇〇四年
・松岡享子『えほんのせかい　こどものせかい』日本エディタースクール出版部、一九八七年

語りのライブ

年末の暮らしと昔話

矢部　敦子

「履物を出しっ放しにしするな」「十二月三日の紙」

みなさんこんにちは。矢部敦子です。私は和歌山県の和歌山市で生まれました。昭和三三年の生まれなので、五七歳になります。ですから、半世紀ぐらい前というこのは、今から五〇年、半世紀ぐらい前ということになります。

私は大変なおばあちゃん子で、当時一緒に住んでいた父方の祖母からたくさん昔話を聞いて育ちました。祖母は明治四三年生まれ。生きていれば、今一〇五歳。『遠野物語』と同じ年になります。祖母が今から半世紀ぐらい前に、私に、「昔はああやったんやで、こうやったんやで」と語ってくれた話というのは、だいたい百年ぐらい前の話ということになると思います。祖母が子どものときにどんな話を聞いたのか、そして、どうやって育ったのか、たくさんの話を聞いたんです。

ちょうど今日はクリスマスで、クリスマスは五〇年ほど前にはもうすでに認識されていて、行事として一般に知られていたと思います。でも、師走にはもっと大事な行事があって、お正月の準備だったんです。それで、昔のお正月を迎える行事がどんなふうだったか、ということと昔話を絡めながら、百年ぐらい前の人たちの思いを紹介できればいいなと思います。

師走に入ると、今はイルミネーションで、クリスマス一色なんですけれども、早々とお正月の仕度が始まっていました。一二月の八日、この日を祖母が何と呼んでたのか、私は忘れてしまったんですけども、この日の前に、家の外周り、植木の剪定ですとか、側溝の掃除ですとか、そういうのは全部終わっていないといけなかったんです。それで、一二月八日には、神さんの御使いか魔物か、何かそういうようなものが査定に来るんですね。外側はとにかく綺麗にしておかなくちゃいけないのと、一番肝心なのは、玄関のところに、晩に履物を出しっ放しにしてはいけないことだったんです。必ず全部下駄箱に仕舞いました。履物を出しっ放しにしてたら、その魔物だか神さんの御使いだかがやってきて、それに唾をつけるんですね。それで、「唾をつけられたら、風邪ひいたり体壊したりして、無事にお正月を迎えることができない」って言われてました。ただ、母は戦時中に教育を受けたので、履物は必ず玄関のところに揃えて、向こう向きに並べて置くという躾を受けて育ったんです。それで、母はいつも履物を出していて、一二月八日には、祖母は、「また、こんなに出しといて！」と怒りながら、夜寝る前に、普通の突っ掛けみたいなものも、全部下駄箱に仕舞っていました。

それから、一二月一二日は石川五右衛門の誕生日です。「十二月十二日」と書いたちっちゃい紙を逆さまにして、玄関の入り口の上の方に貼っておくんです。これは年中ずうっと貼っておくんですね。これは泥棒除けなんです。祖母は、あんまりそういう迷信を信じてなかったですけども、近所にものすごく世話焼きな面倒見の良いお婆ちゃんがいまして、一二月一二日に、うちに入ってきたとき、ぱっと見上げて貼ってないのを見て、「これを貼っとかな、あかん」って言うて、自分の家からわざわざ「十二月十二日」と書いた紙を持ってきて、うちの玄関にベターッと糊で貼ったんですね。祖母が、「あちゃー」っていうような顔をしたんで、それがすごく印象的で、今でも覚えているんです。そのときに祖母が、「こんなん貼っても、ただの迷信で、泥棒には効かん。うち、前にそれ貼っちゃあったけど、泥棒に入られた」って。私が生まれる前に、泥棒に入られたことがあったんです。でも、その近所のお婆ちゃんは、「あんたは若いさかい、そんなこと言うけども、こういうことは、子どもにちゃんと教せとかなあかん」と言うて、うちの家の玄関に糊で貼ったんです。

「石榴は庭に植えたらあかん」

そのあと、だいたい一二、一三、一四日、そのあたりで煤掃きをしました。昔は、たぶんかまどの灰とかを綺麗にしたと思うんですけどね、私が小さいときには、もうかまどはなかったんです。でも、「煤掃き」と言って、普段掃除しない天井とか畳とか、そういうものを掃除しました。掃除をする日をいつと決めてたわけではないと思うんですけど、だいたいどこの家も同じ日にやっていました。お天気の良い一二月半ばの休みの日というと、そのあたりになったのかなと思います。

それから、一二月の二〇日、これは、「果ての二〇日」と言います。「果ての二〇日は山入りするな。山へ入ったら鬼に食われる」って言うんですね。なんでかって言うと。

昔は、鬼は、日ぃ決めんと、いつでも出て来て、人、とって食うたんやと。ほやけど、それでみな難儀して、何とかしてくれ。人間の子をとって、鬼が食うんですね。子を食われた親は、悲しいてしゃあない。「鬼、出てくるんで、何とかしてくれ」って、神さんのとこへ頼みに行たんやと。ほしたら、神さん、それ聞いて、鬼の子を一匹とって、それ、隠したんやと。鬼は、千匹子ぉあっての。そのうちの一番小さい子を、神さん、隠したんやしてよし。ほしたら、鬼は、吾が子居やんよになったんで探し回って、狂ったようになって探したけど、どうしても見つからん。ほんで、神さんとこへ、「うちの子ぉ居やんようになった。助けてくれ」って頼みに行たんやと。ほいたら、それ聞いた神さんが、「お前なぁ、千匹も子ぉあって、たった一匹見えんようになっただけで、そんだけ悲しんで捜し回るんやろ。人間ちゅうのは、おまえみたいにぎょうさん子ぉないんやで。それでも、そうやってとって食われたら、人間の親の悲しみ、どんだけのもんかわかるか」って。神さん、鬼におっしゃったんやと。ほんで、それ聞いた鬼は、「ああ、すまなんだ」って。それから、子どもとって食べんの、やめにしたんやの。ほんでも、鬼も生きていかんならんし、子養いもせんならん。ほんで、一二月の二〇日だけは、一年にいっぺん、人間とって食うてもええって、神さんに許してもろたんやと。それで、「果ての二〇日は山入りすんな。鬼に食われる」って言うんですね。鬼は、そののち、鬼子母神という名で神さんになったんやと。それで、「鬼子母神さんは子どもの守り神」と言うて、今でも祀られているんやの。で、人間の代わりに、石榴(ざくろ)を食べるようになったんやて。それで、鬼子母神は石榴を持ってるんやの。

「石榴は人間の味がする」と言って、「不吉やから庭に植えると良くない」と言われています。でも、私が生まれた家には、植木鉢にザクロの木がありました。これは、鬼子母神さんのために植えられていたんですね。それはそれで、また一つ昔話があるんですけれども、お正月とは関係がないので、ちょっと今日はわきに置いておきます。

果ての二〇日があって、そのあとは冬至です。冬至は、二一日か二二日頃。今年は二二日でしたね。冬至は一年で一番日が短い日です。この日は陰の極みで、どんどん日が短くなって、陰の気が一番強くなる日なんです。そうして、冬至を境にして、今度はどんどん日が長くなって、陰陽でいうと陽の気がだんだんと強まって、夏至は陽の極みになります。この陰と陽の境目なので、冬至の日はすごく大事なんですね。「冬至の日の日暮れから夜が明けるまでの間は、外へ出てうろうろするな。身を清めて心せなあかん」と言われていました。でも私は、学生時代、そのあたりによくクリスマス会みたいなのがあって、コンパで飲み会とかがあるんですね。出ていこうとすると、「冬至の晩にうろうろ出歩くなんちゅうのは、とんでもない」って、よく言われました。うちには息子がいるんですけれども、やっぱりこの間、冬至の晩に出ていこうとしたので、「昔は、冬至の晩に出歩くなんていうんは、とんでもないことやったんやで」と私が言うと、「昔の人はアホやったんちゃうか。迷信と妄想の中に生きてたんやな」と言いながら出ていきました。

「間は魔に通ず」

この心して身を清めて慎まないといけない日というのは、冬至だけじゃなくて節分もそうなんですね。その境目、折り目節目をとても大事にしていて、「間は魔に通ず」といわれていました。だから、「隙間風は開けっ放しより悪い」っていうんですね。隙間風は体に毒だ、と。それと関係があるのかどうかはわかりませんけど、昔は、障子とかふすまに隙間が開いていると、「のろまの一寸、間抜けの三寸」とかって、よく叱られました。隙間は魔物の通り道だというのは、大晦日も、たぶんそうなんじゃないかなと思います。

二五日はクリスマスですね。私が小さいときは、もう、お菓子の入ったサンタさんのブーツなんかが売られていて、祖母は、「クリスマス、クリスマスちゅうて、子どもは喜んでるけど、耶蘇(ヤソ)の祭りがなんの嬉しいもんか。サンタさんて、サンタクロースやのうて、こっちは、さんざん苦労の苦しみますや」と、よく言いました。でも、そんな洒落を言いながらも、子どもたちにはお菓子を買ってくれたり、樅(もみ)の木にオーナメントを飾り付けたりして、それは子どもにとっては楽しみの一つでもありました。百年前がどうだったかというのは、私は聞いていないのでわからないんですけどね。

そのころから、人の出入りが激しくなってきます。昔は現金で買い物をすることがなかったので、掛売りでしたから、締めの伝票を持ってきたり、人が暮れの挨拶に来たり。今みたいに、年末に鍵をかけて家を留守にするということは、まずありませんでした。

二八日はお餅つきで、お餅つきが二八日と決まっていたのは、八は末広がりで縁起が良いというんですね。二九日とか三〇日は、「九は苦付く、三十(みそ)は味噌つく」と言って嫌ったそうなんです。祖母なんかは、二九日や三〇日にお餅をつくなんてとんでもないことだと思っていたようです。ただ、私の家は父親が銀行員で、祖父も勤め人でしたから、二八日にお餅つきはできなくて。「賃搗屋さん」と言って、お餅をつくのを商売にしているところがあるんですね。そこへ、例えばもち米を一升持っていくと、一割とか一割五分とかを引いて、残りのもち米でお餅をついて届けてくれるんです。そういうのを買っていました。姉が小学校に上がったころ、お友だちの家に、二九日に餅つきをするというので遊びに行ったんです。祖母は、「二九日に餅つきをするなんて、そんなことはあるわけない」と言ったんですけど、そこから帰ってきた姉が、「二九は福付く。三〇は丸く収まるって、縁起ええんやて」、そう聞いて帰ってきたんですね。だから、やっぱり勤め人が増えてくると、そういうふうにして言い換えて、縁起が良いようにって、お餅をついたんやな、と。祖母はそんな話をしていました。

　こういう、「間は魔に通ず」とか、「福付く」とか、「味噌つく」とかって、ただの語呂合わせでばかばかしいと思われるかもしれないんですけど、「言葉は言霊」というのを聞かれたことありませんかね。「言葉には魂がこもってる」と、よく言われました。

「思わんことは言うもんでない」

　私が二歳ぐらいのときですが、姉とえらい喧嘩したことがあるんです。何が原因だったかは、もうすっかり忘れましたけども、言い合いになって、そのときに姉が、「ちんまれ」って言うたんですね、私に向かって。それは、口がまだよく回らないので、「死んでまえ」って言うのを、「ちんまれ」って言うたんです。そのときに、それまで黙って私と姉の喧嘩を見ていた祖母が、「滅多なこと言うもんでない。思わぬこと、言うたらあかん」って、ひどく叱ったんです。

　昔な、節季に、みなで餅ついちゃあったんや。そのときにな、お母はん、忙しさかいに、背中に赤子負うて、餅つきしちゃあったんやと。ほいたら、赤子泣きだしてな。乳やっても、むつき（おむつ）替えても、いっかな泣きやまん。どないあやしても、赤子泣きやまんので、お母はん、とうど怒ってな。「ほんまに、やかましやっちゃな。そんなに泣くんやったら、鬼に食われてまえ」って言うたんやと。ほいたら、それ聞いた鬼が、山から下りてきて。長い腕、ガッと伸ばして、その背中の赤子とって、ゲロンて、一飲みにしてしもたんやと。あーあ、しもたこと言うた。お母はん、嘆いたんやけど、もう、その子ぉは二度と戻ってこなんだ。思わんことは言うもんでない。人に仇すな、仰向けのつばき。

　そう言うてね。「人に仇なすこと言うたら、それは、天に向かって唾吐いてるのと同じことじゃ。きっと自分の上へ降ってくる。思わんことは言うたらあかんで」って、姉は叱られたんです。そういうふうに、「言葉が自分に仇をなす。言葉は、時としてナイフよりも人を傷つける。だから、要らんこと言うな」って、よく私も叱られました。

「猿の生肝」

私は今もそうですけど、えらいおしゃべりやったんで、「要らんこと言うな」って、しょっちゅう怒られてたんですね。和歌山の方では、「海鼠（なまこ）の口食うたら要らんこと言いになる」って言われてるんです。海鼠の口食うたら、なんで要らんこと言いになるかっていうとね。

むかし昔、竜宮に、王さんとお妃さんとあったんやしてよし。二人は仲良う暮らしちゃあったんやけど、このお妃さんの方が、あるとき、死に病にかかっての。どないしても助からんちゅうて、お医者はんら、みな匙投げたんやして。ところが、中に一人だけ、「猿の生肝ちゅうの食べさしたら、ひょっとしたら治るやもしれん」って言うたお医者はんあっての。王さん、家来みな呼び集めて、猿の生肝ちゅうもんを取ってこさすことにしたんやと。誰遣いに出すかということになって、亀が行くことになったんやして。亀は、一人で行ったら心細いというんで、海鼠と一緒に出かけることになったんやと。亀と海鼠は、連れもて、はるばると猿が島に出かけていたんやの。

猿が島へ着いて、ちょうどええ按配に、猿、浜で昼寝しちゃあったんでの。「おーい、猿どん、猿どん」って声かけて、「お前、竜宮ちゅうとこ、知っちゃあるか」って聞いたんやと。猿は、知らんて言うさかい、「そらあ、残念やなあ。竜宮ちゅうのは、そらええとこやぞ。美味い食べもんはいっぱいあるし、美しおなご、ぎょうさん居ちゃあるし。いっぺん、行てめえへんか」って、うまいこと百ほど言うてな。この猿、竜宮へ連れて行くことにしたんやと。猿はその気になって、さあ行こかという段になって、「いや、あかなよ。わし、泳げやんのや」って言うたんやと。ほいで、亀が、「いやあ、そんなん、だんない（構わない）、だんない。気遣いない。わしの背中へ乗れ。あっちゅう間に竜宮へ着くさかい」って。猿は、「そうか、そうか」って、亀の背中へまたがったんやと。ほいて、いざ行こかちゅうときに、海鼠がよ、「そらそうと、お前はん、生肝、持っちゃあるかいし」って、問うたんやと。猿は怪しと思うて、「わいの生肝に何の用な」って、問うたんや。ほいたら、海鼠がの、「いや。わいは、なんもお前の生肝に、用はないんじゃ。けど、竜宮の王さんが、お前の生肝に御用があるんじゃ」って、こない言うたんや。それ聞いて、猿は、「ああ、今日は天気もええんで、朝から生肝洗濯して、今、浜の上へ干しちゃあらよ」って言うたんやと。「そら、あかん。早よ、取ってこい」、そう言われた猿は、亀の背中から飛び降りて、てーっと陸へ上がってしもた。それっきり、待てど暮らせど、猿は戻ってこなんだんやて。

ほんで、しゃあなし（仕方なく）、亀と海鼠は手ぶらで竜宮へ戻っていんだんやして。わけ聞いた王さんは、そらあお怒りなしてのし。持っちゃあった杖で、思い切り亀の背中どついたんやの。ほんで、亀の甲羅に、あんなひび入ったんやと。海鼠は要らんこと言うたちゅうんで、家来ら、みな寄ってたかって、海鼠の体つねきったさかいに、今でも海鼠は紫色のボチボチいっぱい出来ちゃあんね。

「そやさかいに、海鼠の口食うたら、要らんこと言いになるんやで。あんた、要らんこと言いなさんなよ」って、よく私も叱られました。祖母はそう言って、「要らんこと言うな、滅多なこと口にするもんでない」と、そう言うたんですけど、その一方で、やっぱり、「思たこと言わんは腹ふくる」とも言いました。思ってることを言えなくなったら、世の中とんでもないことになる。それは、もしかしたら、戦争を通り越してきた祖母の、私たちの世代に対する警鐘だったのかもしれないと思います。

心の中に悩みごととか辛いことが溜まってると、やっぱり、それも腹ふくるることになるんですね。それを手放すにはどうしたら良いかっていうと、これも語呂合わせなんですけど、「放すは話す」と言うんです。だから、信頼できる人にという条件は付くと思うんですけれども、話す、ですね。誰かに話す。その話すことによって、自分の抱えている問題を手放す、ということも教わりました。

「十二支の由来」

そうして、いよいよ大晦日になるんです。大晦日は、お正月の前で、やっぱり、「夜うろうろ遊びに行ったりするのはいけない」と言われていました。一日も、今は元日から出かけたりしますけれども、私が子どものころは氏神様にお参りするぐらいで、誰かの家に遊びに行ったりということはありませんでした。

来年は申年です。申は去るっていうんですね。災いが去る。年上の人に直接肌身に着ける下着やなんかを贈るのは、普段は失礼だとされているんですけど、申年だけは贈ると喜ばれるんです。「申年に人からもらった肌着を身に着けると、下の世話にならない、寝たきりにならない」って、姑、母親、お祖母さんなんか女の人が多かったんですけれども、よく肌着を贈りました。たぶん今でも、赤いパンツとかシャツとか売られてると思うんですけど、昔は赤い腰巻なんかを贈ったそうです。申は災いが去る、その次の年は酉なので福を取るなので、「申年と酉年は、それまでに積み上げてきたものの成敗が出る年だ」と言われています。

　十二支は、みなさんご存知だと思うんですけれども、この十二支がどうして決まったかというと、これも昔話があるんです。

　むかし昔、大昔の話やで。神さんが、十二支をお決めになるというんで、みなに、「いついつ幾日に集まれよ」って、お触れを出したんやとよ。それ聞いた鼠が、猫のとこへ行って、「神さんが『いついつ幾日に集まれ』とおっしゃった」って、猫に教えたんやと。ところが、鼠は間違うて、一日遅う教えてしもたんやて。それから、鼠は牛のとこへ行って、牛に言うたら、牛は、「わし、歩くん遅いさかいに、もう今から出かけよ」って言うたんやと。ほんで、鼠は、「わし、楽して行こ」って、牛の背中へ乗ったんやと。ほうして、牛と鼠は、神さんのとこへ行ったんやの。神さんのとこの門に着いて、鼠は、牛の頭から、前へぴょんって飛び降りたんや。ほんで、鼠が一番になって、その次が牛になったんやしてな。子、丑、寅(虎)、卯(兎)……と、順番に動物がやってきた。そのうち、犬と猿が喧嘩しもて、「わし先や」「いや、わしが先や」って、揉めてやってきた。傍に居た鶏が、「まあまあまあ、喧嘩すんな」って言うて割って入ったんで、犬と猿の間に鶏が入ったんやな。ほうして、もう日ぃ暮れてきて、神さんの門が閉まりかけたときに、「まてまてまて、わしも入れてくれ」って言うて、慌てて飛んで入ったんが猪やった。そうして猪が飛び込んで、バタンと門が閉まってしもた。猫が来たときには、もう受付は終わってたよって、神さんの門は、押しても引いても開かんかったんやて。それでな、猫は鼠に騙されたちゅうて、今でも、鼠のこと、追いかけちゃあるんやと。

　これが「十二支の話」です。

「猿と蟹」

　じゃあ、申年なので、猿の話をしますね。

　むかし、これも節季、師走に、お爺さんとお婆さんが、餅ついちゃあったんやしてよし。猿と蟹は、それ見てての。「よし、わいらで、あの餅、いっちょ、いわしちゃろら（盗ってやろう）」っていうことになったんやて。ほんで、蟹が、家で寝ちゃあった赤子の鼻、ペチンって鋏でつめったんやと。赤子、火ぃついたよに泣きだしたんで、お爺さんとお婆さん、あわてて赤子のとこへ飛んでいたんよ。その隙に、猿が、餅かかえて、てーっと木の上へ逃げてしもたんやしてよし。

蟹は、猿のとこへ来て、木の下から、「おーい、猿どんよ。わしも、手伝たんやさかいに、その餅、半分寄こせ」て言うたんやけど、猿は知らんふりして、木の上に居ちゃあったんや。蟹が、いっかな（いくら）呼んでも、猿は、餅分けてくれへんので、怒った蟹、どしん、どしんって、木にぶつかったんやと。ほしたら、木ぃ揺れて、その拍子に猿は、持っちゃあった餅、落としてしもたんやと。餅、落ちてきたんで、蟹は、それ抱えて、自分の穴へ、てーっと逃げてしもたんやて。猿は、あわてて蟹追いかけたんやけど、もう穴に入ってしもた蟹は、いっこも出てけえへん。いくら猿が呼んでも、蟹は黙って、プクプクプクて泡吹いてるだけやったんやて。

蟹があんまり出てこんので、怒った猿は、「そんなんやったら、尻でも食らえ」って、蟹の穴、お尻でペちゃんと蓋してしもたんや。それ聞いた蟹は、「ほや、食ろちゃらよ」って言うて、鋏で、猿のお尻、ペチンて挟んだんやと。ほんでな、猿のお尻に毛がのうて、赤うなって、その代わりに、蟹の鋏に毛が生えた、と。こういうわけや。

これが、「猿と蟹」の話です。この猿と蟹の話は、みなさんが知ってる「猿蟹合戦」とは、ちょっと違うかもしれませんね。

「蟇蛙と兎と猿の餅争い」

じゃあ、もう一つ。

今度は、猿と蟇蛙と兎と、三人で餅ついたんやと。で、餅食べる段になって、「このまま食うても面白ない。山の上へ行って食おら」ということになったんやと。ほうして、臼持って、山の上へ行って、「さあ食べよら」ってことになったんやけども、兎と猿が、「ここで分けて食べても面白ない。どうや、ここから、餅を臼ごと放って、それ、一番先に取ったもんが、みな食べることにしよら」って言うたんやと。

兎と猿は、どっちも足に自信あるさかい、自分がみな食べよと思ちゃあったんやな。蟇蛙は、わい足遅いさかいに、嫌やなって思たんやけども、二対一で負けてしもて、しゃあない。山の上から、餅入った臼、放ることになったんや。

　兎は、足早いさかい、てーっと下まで飛んで下りて、下で、手ぇ受けちゃあった。そこへ臼がゴロンゴロンゴロンて転がってきて、兎の前へドンて落ちてきたんで、兎の前足、切れてしもたんやて。餅は、途中で臼から飛び出して、木にぺたっと張り付いちゃあった。猿がそれ見つけて、うまいことしたと思って、食べようとしたんやけど、熱々の餅、顔へ張り付いてな。熱うて熱うて、こらあ堪らん、あわてて餅放り出して、川へドボンて飛び込んだ。蟇蛙は、どうせ足遅いさかいに、餅はみな食べられてしもて、自分は一口も食べられよまいと思って、ぺったらぺったら山から下りてきたら、そこにちょうど、ええ按配に冷えた餅、落ちちゃあってな。蟇蛙は、その餅、みんな一人で食べたんやと。

　それで、兎は前足が短うなって、猿は餅が張り付いたんで、顔が赤うなって、蟇蛙は餅一人でみな食べたんで、腹ぱんぱんに大きなったんやと。


　これが、「蟇蛙と猿と兎の餅争い」の話です。こういう話を、私は小さいときから、祖母にたくさん聞いてきました。

　さっき、申は悪いものが去る、酉は取るって言いましたけど、今まで積み上げてきたことが、良い人は災いが去るんですけど、悪いことをしてきた人は、逆に、福が去る。そうして悪いものを取る。だから、今日ここにいらっしゃるみなさん、もうお正月までは短いですけれども、ぜひ心して、来年は災いが去って、そうして酉年には、きっと幸福がやってくる、それを取ることができるように。みなさんのところに幸福が来ると良いなと思います。

　私は、こうやって昔話に育てられてきたし、息子に、「昔の人は迷信と妄想で生きてる。アホやな」って言われながらも、私が若いとき、そうでしたから、今から五〇年経ったら、みなさんも、今は全然信じてない目に見えない世界も、そういえばそんなこともあった、と思い出してもらえるかもしれない。そんなことを考えています。今日は私の昔話におつきあいくださって、本当にありがとうございました（拍手）。

学生の感想と年末年始の昔話の再生

男子学生　自分も、昔から、かなりおばあちゃんとかお母さんとかに昔話を聞かしてもらっていて、地方のせいなのか、同じ十二支のそれでも、猿と蟹のそれでも、微妙に話が違ったりしたので、自分が聞いたのはよくない方向のものが多かったんですけど、そっちだと良いふうな捉え方をして、話が微妙に違うんだな、ということです。
石井正己　今日聞いた話の中に、初めて聞いた話じゃなくて、自分が知っている話と少し違うといったことがあれば、それはすごく大事なことですよね。話は少しずつ揺らぎながら、その中で定着していきます。自分が知っている話とどう違うんだろう、なぜ違うんだろうということを考えてみることが必要ですね。
女子学生　私もその違いとかを感じたんです。今まで授業では、絵本とか文字でずっと昔話をやってきて、そういうので、いろんな昔話に触れてきました。今日は、矢部さんから直接お話を語っていただくということで、文字で読むのとはまた全然違うんだなと思いました。入り込み方は、文字だと自分の想像とかあるんですけれども、やっぱりリズムとかにも、昔の人たちが感じてきたことや考えてきたこととか、具体的に説明できるものじゃないものが入っていて、自分の中にこれから落とし込まれていくのかなと感じました。
石井　今まで絵本などで読んできて、この授業でもそうでしたよね。けれども、読むのではなくて、文字も何も介在させないで、耳だけで聞くというのは初めての経験だったと思うので、それは貴重ですよね。ビデオではなくて、生きた人間の話を聞くというのは大事なことだと思うので、今日は良かったと思います。
女子大学院生　まだクリスマスとか、そういう海外の文化が定着していない当時の日本の師走のあるべき姿を聞けたのが感動しました。私の実家もあまりクリスマスとかは関係なくて、正月を迎える準備とかに重きを置く家だったので、すごく親近感がわいて、早く帰省したくなりました。神話みたいな言い伝えとか、不思議だなと思うところもありましたし、そういうものを伝えていかないと、日本の良さというものが無くなっていっちゃうのかなと感じました。
石井　この中には、ふるさとを離れて、この東京で暮らしている人がいて、年末年始ふるさとに帰れば、自分が生まれ育ったところの言葉や文化を振り返る機会になるでしょう。年末と年始は一年の区切りになる大事なときですから、そのようにして過ごしてもらえれば良いと思うんですね。今、昔話が語られなくなってきていますが、今日は五〇年前の和歌山県で、年末の暮らしの中にあった昔話を知ることができました。これからも、年中行事で昔のことを見つめ直し、行事の由来として昔話が語り継がれたらいいなと思います。今日はその実験として、矢部さんに昔話をお願いしました。皆さんで拍手をして終わりにしましょう（拍手）。
（二〇一五年一二月二五日、東京学芸大学にて）

講演者・執筆者一覧

八百板洋子（やおいた・ようこ）

福島県生まれ。ソフィア大学大学院留学。翻訳家。日本翻訳家協会理事、日本ペンクラブ国際委員・「こどもの本」委員、日本文芸家協会委員など。日本民話の会、外国民話研究会で民話の研究に携わる。訳詩集『ふたつの情念』で第十三回日本翻訳文化賞、翻訳功労賞、『吸血鬼の花よめ―ブルガリア昔話集』で第三十三回翻訳文化賞、『ソフィアの白いばら』で日本エッセイスト・クラブ賞・サンケイ児童出版文化賞を受賞。訳書に『世界のメルヘン（東欧Ⅱ）』（講談社）『いちばんたいせつなもの―バルカン昔話集』（福音館書店）など。

野村敬子（のむら・けいこ）

口承文芸学研究者・國學院大學栃木短期大學講師。山形県北で昔話定位置観察の中から『真室川の昔話』『山形のおかあさんオリーブさんのフィリピン民話』『明淑さんのむかしむかし』等刊行。『江戸川で聴いた中野ミツさんの昔語り』『江戸風鈴篠原儀治さん口語り』において大都市の口承にも注目。近年『間中一代さんの栃木語り』で現代語りの可能性を問う。

小野和子（おの・かずこ）

一八三四年生まれ。民話採訪者。一九七〇年から宮城県を中心に単独で民話採訪をはじめる。一九七五年みやぎ民話の会を設立。現在は顧問。民話に関する編著書に『長者原老媼夜話』（評論社）『みちのく民話まんだら』（北燈社）『遠野郷宮守村の昔ばなし』（遠野市）『みやぎ民話の会叢書』全十四巻監修。

井上幸弘（いのうえ・ゆきひろ）

一九五一年生まれ。NPO法人全日本語りネットワーク理事長。山形市立図書館に勤務して「山形のとんと昔」と出会い、山形市内在住の語り部・江口ヨシノさん（故人）からたくさんのとんと昔を聞くことができた。編著に『やまがた絆語り』（星の環会）がある。

渡部豊子（わたなべ・とよこ）

一九四二年生まれ。伝承の語り手。新庄民話の会会員。日本民話の会会員。編著に『昔話と村の暮らし―山形県最上郡旧荻野村―』、『―十二の長峰の昔―柴田敏子の語り』（以上私家版）、『大地に刻みたい五人の証言』（発売・三弥井書店）、『渡部豊子の語り』（日本民話の会）、『CD・豊子婆の語り』等がある。

新庄民話の会会員

新庄民話の会は一九八六年に設立。昭和一九八七年から「みちのく民話まつり」を運営。『新庄のむがす30選』『新庄・もがみの昔ばなし（CD）』『新庄・最上の昔話』などを刊行。

小山貞子（おやま・ていこ）

一九五六年、新庄市生まれ。「灰でなった縄」が得意な話。

大竹智也子（おおたけ・ちやこ）

一九三二年、最上郡真室川町生まれ。母の姉沓沢ミノ（関澤幸右衛門）から昔話を聞いて育った。「猿婿むかし」が得意な話。

柿本富寿子（かきもと・とすこ）

一九四五年、新庄市生まれ。「地蔵浄土」が得意な話。

井上ユキ（いのうえ・ゆき）

一九四五年、最上郡戸沢村生まれ。「与蔵沼」が得意な話。

前盛智恵（まえもり・ともえ）

一九四二年、宮城県遠田郡涌谷町生まれ。「笛吹き沼」が得意な話。

鈴木敏子（すずき・としこ）

一九三三年、新庄市生まれ。「せんどの山のどんころ」が得意な話。

新国玲子（にっくに・れいこ）

一九四四年、新庄市生まれ。「白木綿二反ただとうりん」が得意な話。

伊藤佐吉（いとう・さきち）

一九二七年、新庄市生まれ。母方の祖母から昔話を聞いて育った。「へっぴり爺」が得意な話。

伊藤妙子（いとう・たえこ）

一九四三年、新庄市生まれ。母方の祖母から昔話を聞いて育った。「きゅうり姫ご」が得意な話。

北村弘子（きたむら・ひろこ）
一九五二年生まれ。岩手　釜石　漁火の会会員。釜石生まれ・釜石育ち。釜石の民話を語り伝える語り部

山本　亜季（やまもと　あき）
一九八七年生まれ。東京学芸大学にて民話研究を志し、石井正己教授に師事。卒業後、公立小学校に勤務。みやぎ民話の会に所属。民話を取り入れた教育実践に取り組んでいる。

丸谷仁美（まるや・ひとみ）
一九七〇年生まれ。秋田県立博物館主査（兼）学芸主事。二〇一〇年度より三年間、秋田県教育庁生涯学習課文化財保護で口承文芸検索システムの構築にかかわる。現在は博物館で不定期に昔がたりの会を開催している。

間中一代（まなか・かずよ）
一九五九年生まれ。栃木語り部の会代表。聴き耳の会会員。父方の祖父母と母から昔話を聞いて育つ。語りの一部が野村敬子・霧林宏道編著『間中一代さんの昔語り』（瑞木書房）に収められている。

根岸英之（ねぎし・ひでゆき）
一九六八年千葉県市川市生まれ。市川民話の会会員。日本民話の会会員。市川市行徳図書館司書。國學院大學大学院にて口承文芸専攻。市川での民話活動や文化活動に携わる。関わった図書に『改訂新版　市川のむかし話』『怪談オウマガドキ学園』などがある。

立石憲利（たていし・のりとし）
一九三八年岡山県生まれ。日本民話の会会長、岡山民俗学会名誉理事長など。民話の調査六十年約八千話を収録。百話以上の語り手十三人発掘。民話の語りも行う。『中国山地の昔話』（三省堂）『奥備中の昔話』（三弥井書店）『真庭市の民話1～3巻』（真庭市教委）など多数。久留島武彦文化賞、岡山県文化賞など受賞。

田中瑩一（たなか・えいいち）
一九三四年島根県生まれ。島根大学名誉教授。国語教育専攻。在職中、学生を指導して島根県内伝承の昔話を調査し地域別昔話資料集を公刊した。著書に『奥出雲昔話集』（岩崎美術社）『伝承怪異譚』（三弥井書店）等がある。

米屋陽一（よねや・よういち）
一九四五年東京・品川生まれ。口承文芸研究者。日本民話の会会員。編著書に『フィンランドの旅から』『浦安の世間話』『上蛇窪ムラばなし百話』『口承文芸と国語・教育』『東京・荏原大空襲』。共編著に『遠野物語小事典』『決定版日本民話事典』『新しい日本の語り』シリーズ（悠書館）。児童書・共編に『学校の怪談』『怪異百物語』シリーズ、『学校の怪談大事典』『にっぽん妖怪大図鑑』（ポプラ社）『怪談オウマガドキ学園』シリーズ（童心社）等がある。

三田村慶春（みたむら・よしはる）
一九四九年生まれ。NPO法人語り手たちの会副理事長、絵本と語りの店〈おばあさんの知恵袋〉主宰、日本児童文芸家協会会員。絵本と語りの研究、公演活動を行う。『対訳　中国の童話』（上海・少年児童出版社）、『タフィおじさんのおはなしコート』（之潮）、絵本『にんじん　ごぼう　だいこん』（世界文化社）、絵本『みんなが　やさしく　なりますように』（NISSHA）がある。

小田嶋利江（おだじま・としえ）
東京都生まれ。みやぎ民話の会会員。東北民俗の会会員。土地に生きる個人の記憶の聞き書きを模索する。共編著に『南三陸町入谷の伝承　山内郁翁のむかしかたり』（みやぎ民話の会）、『升沢にくらす　集団移転に伴う民俗調査報告書』（大和町教育委員会）等がある。

増山正子（ますやま・まさこ）
子どもの人格は周りの環境によって作られることから、「昔話」を語ることに意義を見出し、以来三十年余り、地域の教育力になればと多くの仲間を巻き込んで「おはなし会」を通して子どもと本を結ぶ活動をしている。また、子どもの読書環境にも関心を持ち、長年、図書館活動にも力を入れている。

久保華誉（くぼ・かよ）
一九七五年、静岡県生まれ。博士（文学）。元国立国会図書館国際子ども図書館調査員（非常勤）日本の昔話とヨーロッパの昔話の比較研究を行う。児童文学、口演童話、図書館のストーリーテリングなどと昔話の関わりに関心を寄せる。主著に『日本における外国昔話の受容と変容－和製グリムの世界－』（三弥井書店、二〇〇九年）、執筆担当『怪談オウマガドキ学園』（童心社）。

青木俊明（あおき・としあき）
一九七七年生まれ。静岡県内の公立高校勤務を経て、現在は静岡県立中央図書

館勤務。編著書に『遠野物語辞典』（岩田書院）、分担執筆に『子どもに昔話を！』『シリーズことばの世界　第一巻　つたえる』（いずれも三弥井書店）がある。

矢部敦子（やべ・あつこ）

一九五八年生まれ。小平民話の会会員。父方の祖母から昔話を聞いて育つ。自身の子育ての中で、子どもの頃に聞いた話を語り始める。民話集に『矢部敦子の語りの世界―和歌山の民話』（日本民話の会）、『矢部敦子の語り』（悠書館）がある。

編者紹介

石井正己（いしい・まさみ）

1958年、東京生まれ。東京学芸大学教授、一橋大学大学院連携教授、柳田國男・松岡家記念館顧問。日本文学・民俗学専攻し、長く昔話の研究と継承に関わってきた。最近は植民地と昔話、教科書と昔話をテーマにする。昔話に関する単著に『遠野の民話と語り部』（三弥井書店、2002年）、『図説・日本の昔話』（河出書房新社、2003年）、『桃太郎はニートだった！』（講談社、2008年）、『民俗学と現代』（三弥井書店、2008年）、『昔話と観光』（三弥井書店、2012年）、『ビジュアル版　日本の昔話百科』（河出書房新社、2016年）、編著に『子どもに昔話を！』（三弥井書店、2007年）、『昔話を語る女性たち』（三弥井書店、2008年）、『昔話と絵本』（三弥井草店、2009年）、『昔話を愛する人々へ』（三弥井書店、2011年）、『昔話にまなぶ環境』（三弥井書店、2011年）、『児童文学と昔話』（三弥井書店、2012年）、『震災と語り』（三弥井書店、2012年）、『子守唄と民話』（三弥井書店、2013年）、『震災と民話』（三弥井書店、2013年）があり、その他、論文、随筆、書評が多数ある。

昔話を語り継ぎたい人に

平成28年10月28日　初版発行

定価はカバーに表示してあります。

©編　者　石 井 正 己

発行者　吉 田 栄 治

発行所　株式会社 **三 弥 井 書 店**

〒108-0073 東京都港区三田3-2-39
電話 03-3452-8069
振替 0019-8-21125

ISBN978-4-8382-3307-6　C0037　整版・印刷 エーヴィスシステムズ